谨以此书献给中山大学一百周年华诞

（1924 — 2024）

庆 贺

施其生教授80华诞

康园雨露

——施其生教授80华诞庆贺文集

许光烈　王衍军　王　哲 ◎ 主编

中山大学出版社

·广州·

版权所有　翻印必究

图书在版编目（CIP）数据

康园雨露：施其生教授80华诞庆贺文集/许光烈，王衍军，王哲主编． --广州：中山大学出版社，2024．11． --ISBN 978 - 7 - 306 - 08248 - 0

Ⅰ．K825.5 -53

中国国家版本馆CIP数据核字第2024G4V952号

KANGYUAN YULU：SHI QISHENG JIAOSHOU 80 HUADAN QINGHE WENJI

| 出 版 人：王天琪
| 策划编辑：陈晓阳
| 责任编辑：陈晓阳
| 封面设计：曾　婷
| 责任校对：陈生宇
| 责任技编：靳晓虹
| 出版发行：中山大学出版社
| 电　　话：编辑部 020 - 84110283，84113349，84111997，84110779，84110776
| 　　　　　发行部 020 - 84111998，84111981，84111160
| 地　　址：广州市新港西路135号
| 邮　　编：510275　　传　　真：020 - 84036565
| 网　　址：http://www.zsup.com.cn　E-mail：zdcbs@mail.sysu.edu.cn
| 印 刷 者：广州一龙印刷有限公司
| 规　　格：787mm×1092mm　1/16　14.25印张　298千字
| 版次印次：2024年11月第1版　2024年11月第1次印刷
| 定　　价：80.00元

如发现本书因印装质量影响阅读，请与出版社发行部联系调换

编 委 会

主编 许光烈　王衍军　王哲
编委（按姓氏音序排列）
　　　曹凤霞　谷向伟　郝红艳　金　健
　　　林华勇　刘新中　马蔚彤　王衍军
　　　王　哲　胥志伟　许光烈　姚琼姿

施其生（右）与导师黄家教先生（左）
（1980年，中山大学西区）

与朱德熙先生合影
（1985年初，中山大学；左三起：吴宏聪、朱德熙、黄天骥、施其生）

"全国汉语方言学会第九届年会"会后留影

（1997年2月26日，广东汕头；左起：施其生、李如龙、李荣、许宝华）

第四届国际粤方言研讨会大会发言

（1993年12月19日，香港）

与日本艺人交流筝艺
(1999 年 3 月,日本东京大学)

日本丽泽大学学术讲座
(1998 年 6 月,日本;左起:千岛英一、施其生)

"语言变化与汉语方言国际研讨会"留影
（1998年，美国西雅图华盛顿大学；左起：柯蔚南、侯精一、罗杰瑞、余蔼芹、施其生）

"非典"期间承办"中国东南方言比较计划语法研讨会"，
施其生老师率博士生会务组留影（2003年3月23日，广州顺峰山庄；
左起：许光烈、辛永芬、王衍军、王哲、施其生、林华勇、刘翠香）

博士生内部学术沙龙

(2004年12月15日,中山大学文科楼;左起:谷向伟、胡云晚、李小华、林华勇)

东京大学讲演后合影

(2006年,日本东京;前排左二起:柯理思、施其生、吉川雅之)

第十二届国际粤方言研讨会
(2007年12月15日，广州；左起：刘新中、施其生)

指导"響應"计划长沙湘语调查
(2015年10月，长沙；左三起：施其生、陈山青)

田野调查

(2004年7月8日,澄海;左起:陈丽莹、徐馥琼、联系人黄玩惠、徐海英)

面向汕头市民作《汕头话面面谈》讲座

(2023年12月,汕头小公园人才讲坛)

毕业合影

(1999年6月,广州中山大学;左起:杨敬宇、施其生、谢小丽)

毕业合影

(2003年6月,广州中山大学;左起:刘翠香、姚泽薇、施其生、陈小枫、陈淑环、牟晓龙、陈玉芬、丁健纯)

与高校教师研究生班学生合影
(2004年,广州中山大学;左二:容慧华、左三:马蔚彤、左五:施其生)

毕业合影
(2004年6月24日,广州中山大学;左起:曹凤霞、王衍军、施其生、黄蕾、姜华华)

毕业合影

(2005年6月27日,中山大学永芳堂;左起:谢琳琳、施其生、徐馥琼)

毕业合影

(2006年6月27日,广州中山大学;左起:林华勇、李梦飞、施其生、刘翠香、郑婧敏)

毕业合影

(2007年7月1日,广州中山大学;左起:洪雪妍、王笑艳、王璐、施其生)

毕业合影

(2008年6月23日,广州中山大学;左起:陈兴仪、韦皓、施其生、张燕芬、陈丽莹)

毕业合影

(2009年,中山大学;左起:黄婷婷、金健、施其生、冯雅琳、马蔚彤)

毕业合影

(2010年,中山大学;左起:金健、姚琼姿、施其生、卢纯、黄婷婷)

师生合影

(2009年1月28日,中山大学;左起:师母赵劲青、施其生、胡斯可、斯可爱人刘恋)

与2000级四弟子合影

(2024年7月15日,广州;前排左起:师母赵劲青、施其生,

后排左起:黄婷婷、张燕芬、金健、周昀)

课后与学生合影

(2006年1月5日,课室;前排左起:陈慈、辛永芬、施其生、庄初升、谷向伟、朱玉宾,后排左起:陈安平、王春玲、金健、黄婷婷、赵敏、马蔚彤、徐馥琼、王秀玲)

施其生先生79岁生辰师门聚会

(2023年3月,广州;前排左起:陈山青、辛永芬、师母赵劲青、施其生、许光烈、刘翠香、曹凤霞,后排左起:姚琼姿、郝红艳、马蔚彤、徐馥琼、王哲、王衍军、林华勇、谷向伟、陈安平)

前　言

　　甲辰之秋，南国天高云淡，羊城气爽花妍，珠江潮涌，康园欢腾，中山大学百年校庆，我等欣逢盛典，幸莫大焉！是岁恰值我师施其生教授杖朝之寿，母校十旬并恩师八秩，于弟子门生实乃双喜临门，遂相谋集文以记之。

　　子曰："名不正则言不顺。"文集所名者何？初名《雨露康园》，议之于同门，有云《雨润康园》者，则觉"雨润"稍感过实；有云《语露康园》者，则嫌"语露"似有牵强。几经商榷，终以"康园"在前，踵以"雨露"，额之《康园雨露》。"康园"也者，"康乐园"之又称，乃仿王勃以"翰院"称"翰林院"之法，查之网络，咨于前贤，知有理据；"雨露"也者，盖缘教化之德大矣，因以雨露方之。雨露之于草木，如师长之于弟子，泽之活之，然无欲无求，子美之"润物细无声"是也；且"雨露"谐音"语路"并"语录"，昔日我等侍坐先生帐下，以"语言"为立业之路，是谓"语路"；今感念师恩，以"语""录"之，是谓"语录"……凡此种种，莫不系于"雨露"二字之上。以此名之，得其所也。

　　颜额既定，栏之以四：一曰春风化雨，以集先生所赐之序言；二曰语林竞秀，以纳弟子所撰之新论；三曰桃李芳菲，以汇毕业论文之大要；四曰青葱岁月，以聚往昔康园之故实。四者合之，集成此书，以记过往，以启未来，以贺母校，以祝恩师。

　　施其生先生汕头人士，学识渊博，颇多雅趣，闲时抚琴，喜茶，稍饮酒。文思缜密，待人宽厚。半世舌耕，育人无数，门下得其真传者，或语界独步，或政坛称耆，虽业非一途，皆堪称时秀也。今门下弟子犹念良工心苦，于文集倡议，多有响应之声，遂由南至北，线上线下，集思广益，各有所司，不一日文集成矣。吾览同窗大作，各擅其长，唯情见乎辞，于校于师于青春，写人写事写情愫，其致一也，绝非一日之雅所可比附者。故于其文无所献替，于其句不赞一词，俾春兰秋菊，珠玉兼陈也。

　　在下忝列门墙，学不出众，缘虚长同门两三春秋，得委以撰前言之任，自知陈于附庸之列，深恐贻笑方家，然推诿不下，勉为此文。惟愿母校青春永驻，龙骧鹏举，更愿先生九如天保，福寿绵长。

　　谨以拙诗一首献与母校，以贺百年大庆，韵依平水一先，诗曰：

云山隐隐蓺桐烟，大启黉门赖逸仙。
滋树蕙兰修百业，齐平家国任双肩。
坪乡木铎弦歌地，珠水金声锦绣篇。
幸得春君施颢露，喜看庶卉映晴川。
称觞又是开花月，侍坐犹回造膝天。
四海为家重聚首，华章盛世贺嘉年。

复以二首献与恩师，以贺八十寿辰。
其一曰：

说文论语竟如神，席设康园翰墨亲。
一枕长琴流古韵，几番雅见洗心尘。
深耽嘉叶浅尝酒，苛品辞章恕待人。
桃李公门天下士，扶风帐里贺耆麟。

其二曰：

骀荡春风过九遐，杖朝不显自瑶华。
语经文纬织如锦，李绽桃开灿若霞。
但喜琴书闲岁月，且消清减淡生涯。
此间上寿海龙阁，来日相期贺米茶。

受业许光烈恭撰
甲辰秋月
值西历二零二四年十一月吉日

目 录

施其生先生简介……………………………………………………… 001

春风化雨

《浚县方言语法研究》序 …………………………………………… 006
《湘西南洞口老湘语虚词研究》序 ………………………………… 008
《西充方言语法研究》序 …………………………………………… 010
《闽西永定客家方言虚词研究》序 ………………………………… 012
《泗水方言研究》序 ………………………………………………… 014
《廉江粤语语法研究》序 …………………………………………… 016
《林州方言虚词研究》序 …………………………………………… 020
《指尖下的汉语——页面语理据研究》序 ………………………… 023

语林竞秀

"小称""小量"研究的理论与实践 …………………… 辛永芬 028
"虚成分"研究的理论构建与实践应用 ……………… 胡云晚 033
"词组形态"观、"同质兼并"机制及其对理论语言学的启示
　………………………………………………………… 林华勇 040
汉语方言"使然-非使然"范畴的发现及影响 ……… 陈山青 050
施其生先生汉语方言语音研究和理论探索 …………… 金　健 058
《官话指南》三种方言版本中的处置介词 ……… 王衍军　蒋恬 064
宜阳方言的形容词短语儿化 …………………………… 陈安平 073
沭阳方言的一种"得"字句 …………………………… 郝红艳 084

桃李芳菲

四川省南部县（城区）方言的语气词 ………………… 谢小丽 096

标题	作者	页码
南宁平话体貌标记"了""住""过"研究	杨敬宇	097
利川话体貌研究	陈玉芬	099
湘潭话中几种补语句的研究	丁健纯	101
韩汉等差比较句对比研究	刘妍京	102
胶州方言的儿化及相关的声韵特点	牟晓龙	103
吉林梨树方言的代词研究	曹凤霞	105
长沙方言体貌标记"咖"和"哒"的研究	黄磊	107
即墨方言的体貌系统	姜华华	108
新宁方言体貌研究	李梦飞	109
汕头方言中性问句的多角度研究	郑婧敏	110
江门方言体貌研究	谭颖茹	111
潮汕方言"VP-NEG"中性问句的共时表现和历时蕴含	谢琳琳	112
永兴城关话的归属问题	胡斯可	113
佛山人学习普通话语音偏误分析	马蔚彤	114
江门荷塘话语音研究	容慧华	115
肇庆市粤语勾漏片中性问句研究	周昀	116
湖南汝城话语音研究	邓慧玲	117
潮州市区话双唇尾韵并入舌根尾韵情况考察	洪雪妍	118
潮汕方言的介词	陈丽莹	119
南海（丹灶）方言的指代系统研究	陈兴仪	120
粤语谓语修饰性虚成分对比研究	韦皓	121
新兴县粤方言动词体貌研究	张燕芬	122
广东粤方言处置句比较研究	冯雅琳	123
基于语素的潮汕地区亲属称谓系统研究	姚琼姿	124
泗水方言研究	王衍军	126
外语写作中的基础语言影响 ——基于语料库的中国学生英语作文错误分析	王哲	127
汉语造词理据模式研究	许光烈	128
湘西南洞口方言虚词研究	胡云晚	130
山东栖霞方言虚成分研究	刘翠香	132
广东廉江方言助词研究	林华勇	133
浚县方言语法研究	辛永芬	134
惠州方言助词研究	陈淑环	135

闽西永定客家方言虚词研究……………………………………… 李小华 136
林州方言虚词研究………………………………………………… 谷向伟 137
山东沂水方言词法特点研究……………………………………… 赵　敏 138
宜阳方言虚词研究………………………………………………… 陈安平 139
西充方言语法研究………………………………………………… 王春玲 140
粤东闽语语音研究………………………………………………… 徐馥琼 141
丰顺（三汤）客家方言助词研究………………………………… 黄婷婷 143
声调感知的研究
　　——汉语方言典型个案的实验……………………………… 金　健 144
汨罗方言语法研究………………………………………………… 陈山青 147
沭阳方言语法专题研究…………………………………………… 郝红艳 149

青葱岁月

谁仅靠一张嘴就能拼出所有国际音标？……………………… 陈高飞 152
我与施老师的二三事……………………………………………… 罗婉纯 154
我在中山大学的美好时光………………………………………… 曹凤霞 156
我的导师施其生先生……………………………………………… 黄婷婷 160
经师易得，人师难求
　　——记忆中浮现的恩师光影………………………………… 金　健 163
偷师结下师生缘…………………………………………………… 柯登峰 167
沐浴师泽之光……………………………………………………… 马蔚彤 170
恩师情深，方言之路的引航人…………………………………… 容慧华 174
少时的不以为意，一生的难以忘怀
　　——记和施老师相处的美好时光…………………………… 陈丽莹 176
感恩在中大　有幸入施门………………………………………… 陈兴仪 178
一位语言学家的音乐情缘………………………………………… 韦　皓 180
师恩如春雨　点滴记心头………………………………………… 张燕芬 184
一个"学渣"的搞笑日常…………………………………………… 姚琼姿 187
感谢师恩…………………………………………………………… 王　哲 191
瞻之在前，难忘师恩……………………………………………… 谷向伟 193
博约相济结硕果，治学严谨惠学界
　　——恭祝先生八秩华诞……………………………………… 刘新中 196

后　　记…………………………………………………………………… 198

施其生先生简介

施其生,男,广东汕头人,中山大学中文系教授,博士生导师。

主要经历

1944年3月,逃避日军侵华战乱途中生于福建省诏安县。抗战胜利后不久,随父母定居汕头市。

青少年时期,在汕头市育群小学、第七初级中学、第一高级中学读书。

1962年9月,考入中山大学中文系,修习文学专业。原应于1967年8月毕业,因"文革"延期至1968年7月毕业,分配至山西省兴县中学任教。

在兴县期间,除从事语文教学,还专注文艺人才的培养和文艺演出等活动,为当地培养了一大批音乐方面的骨干人才。

1979年9月,考取中山大学中文系硕士研究生,专业方向为汉语方言学,师从黄家教先生。

1982年毕业,获文学硕士学位,留校任教,在中山大学中文系从事语言学的教学和研究工作。2000年,获汉语言文字学、语言学及应用语言学两个学科的博士生导师资格。从1982年留校任教至2009年退休,27年间,为本科生、研究生开设过多门课程,指导过的博士生有23名,硕士生有33名。其间于1997—1999年及2006—2007年被日本大东文化大学(东京)聘为客座教授,除执教于大东文化大学,还在东京大学、筑波大学、丽泽大学、青山学院等院校讲学。

研究领域

主要从事汉语方言学及应用语言学的研究。研究领域涉及汉语方言的语音、词汇、语法,汉语语音、语法史,汉语研究的理论方法,实验语音学,刑侦语言识别等。在汉语方言语法的研究方面着力最多,除对粤方言、闽方言语法进行系统深入的研究,还倾注心力发掘、比较、分析全国各大方言的语法现象,联系汉语语法史的事实,从宏观上探究汉语语法的重要特点,寻求更为适合汉语语法特点的研究方法，在理论架构和分析、研究方法上提出诸多新见。

主要学术兼职：曾任全国语言文字标准化技术委员会汉语语音拼音分技术委员会委员（教育部聘），广东省人大常委会立法顾问（语言顾问），广东省中国语言学会常务理事，《粤语研究》（澳门）编委。

学术著述

专著

《广州方言研究》（合著），广东人民出版社，1995年6月。
《方言论稿》，广东人民出版社，1996年11月。
《汕头话音档》，上海教育出版社，1997年12月。
《广州市志·方言志》（合著），广州出版社，1998年2月。
《闽南方言语法比较研究》，中山大学出版社，2023年4月。

论文

《汕头方言的持续情貌》，《中山大学学报》，1984年第3期。
《闽、吴方言持续貌形式的共同特点》，《中山大学学报》，1985年第4期。
《汕头方言动词短语重叠式》，《方言》，1988年第2期。
《从口音的年龄差异看汕头音系及其形成》，《中山大学学报》，1988年第3期；又见《语言·社会·文化》，语文出版社，1991年1月。
《一项窥探调值混同过程的调查》，《语言研究》，1989年第2期。
《汕头方言的结构助词"呾"》，《语言文字论集》，广东人民出版社，1990年7月。
《汕头方言的反复问句》，《中国语文》，1990年第3期。
《广州方言元音音位再探讨》，《第二届国际粤方言研讨会论文集》，暨南大学出版社，1990年12月。
《广州方言的介音》，《方言》，1991年第2期。
《汕头方言的人称代词》，《方言》，1993年第3期。
《论广州方言虚成分的分类》，《语言研究》，1995年第1期。
《汕头方言的指示代词》，《方言》，1995年第3期。
《汕头方言的体》，《动词的体》（中国东南部方言比较研究丛书第二辑），香港中文大学中国文化研究所吴多泰中国语文研究中心，1996年4月。
《广州方言的"量+名"组合》，《方言》，1996年第2期。
《传意中方言区语法差误成因》，《语言与传意》，海峰出版社，1996年6月。
《汕头方言的"了"及其语源关系》，《语文研究》，1996年第3期。

《论"有"字句》,《语言研究》,1996年第2期。

《汕头方言表示"在"的介词》,《中山大学学报》,1996年第4期。

《论汕头方言中的"重叠"》,《语言研究》,1997年第1期。

《汕头方言量词和数量词的小称》,《方言》,1997年第3期。

《汕头方言的动词谓语句》,《动词谓语句》(中国东南部方言比较研究丛书第三辑),暨南大学出版社,1997年10月。

《汕头方言的代词》,《代词》(中国东南部方言比较研究丛书第四辑),暨南大学出版社,1999年3月。

《汕头方言的介词》,《介词》(中国东南部方言比较研究丛书第五辑),暨南大学出版社,2000年8月。

《闽南方言中性问句的类型及其变化》,《语言变化与汉语方言》,美国华盛顿大学、台湾"中央研究院"语言学研究所筹备处联合出版,2000年9月。

《方言研究系统观念例说》,《中山人文学术论丛(第三辑)》,高雄复文图书出版社,2000年10月。

《一百年前广州话的阴平调》,《第八届国际粤方言研讨会论文集》,中国社会科学出版社,2003年12月;又见《方言》,2004年第1期。

《山东栖霞方言相当于普通话"了"的虚成分》(与刘翠香合作),《语文研究》,2004年第2期。

《汉语方言里的"使然"与"非使然"》,《中国语文》,2006年第4期。

《汕头方言两种比较问句使用情况调查研究》,《中国方言学报(第一期)》,商务印书馆,2006年10月。

《从汕头话的"咀"看汉语的某些"VP + VP"》,《语言学论丛(第34辑)》,北京大学出版社,2006年12月。

《台中方言的中性问句》,《语文研究》,2008年第3期。

《汉语方言中语言成分的同质兼并》,《语言研究》,2009年第2期。

《〈汕头话读本〉中所见潮州方言中性问句》,《方言》,2009年第2期。

《广州方言的"形 + 量"组合》,《语言科学》,2009年第5期。

《谷饶方言多种降调的声学分析和感知研究》(与金健合作),《中国语文》,2010年第6期。

《汕头方言连读变调的动态运行——兼论汉语连读变调的研究视角》,《中国语文》,2011年第4期。

《湖南汨罗方言的处置句》(与陈山青合作),《方言》,2011年第2期;又见《湘语研究(第2辑)》,湖南师范大学出版社,2012年5月。

《汉语方言中词组的"形态"》,《语言研究》,2011年第1期;又见《广东汉语方言研究的理论与实践》,刘新中主编,世界图书出版广东有限公司,2012年1月。

《闽南方言的比较句》,《方言》,2012 年第 1 期。

《闽南方言的持续体貌》,《方言》,2013 年第 4 期。

《台中方言的处置句》,《北方语言论丛(第三辑)》,黄河出版传媒集团、阳光出版社,2013 年 12 月。

《闽南方言中表实现体貌的"了"》,《语言科学》,2014 年第 3 期。

《湖南汨罗方言的体貌助词"开"》(与陈山青合作),《方言》,2015 年第 4 期。

《粤语肯定否定词的比较研究及成因探讨》(与张燕芬合作),《中山大学学报(社会科学版)》,2016 年第 4 期。

《闽南方言的三身代词》,《汉语研究的新貌:方言、法与文献——献给余霭芹教授》,香港中文大学中国文化研究所吴多泰中国语文研究中心,2016 年 10 月。

《汨罗湘语中的"使然"与"非使然"》(与陈山青合作),《方言》,2018 年第 4 期。

《汉语方言里的"V(x)有 NP"结构——以河南浚县话、广东汕头话为例》(与辛永芬合作),《方言》,2020 年第 1 期。

《调整过程中的四会粤方言声调系统》(与金健、翁毅合作),《东方语言学(第二十五辑)》,2023 年 12 月。

书序

《〈浚县方言语法研究〉序》,《浚县方言语法研究》(辛永芬),中华书局,2006 年 12 月。

《〈湘西南洞口老湘语虚词研究〉序》,《湘西南洞口老湘语虚词研究》(胡云晚),江西人民出版社,2010 年 4 月。

《〈西充方言语法研究〉序》,《西充方言语法研究》(王春玲),中华书局,2011 年 2 月。

《〈闽西永定客家方言虚词研究〉序》,《闽西永定客家方言虚词研究》(李小华),华南理工大学出版社,2014 年 6 月。

《〈泗水方言研究〉序》,《泗水方言研究》(王衍军),暨南大学出版社,2014 年 6 月。

《〈廉江粤语语法研究〉序》,《廉江粤语语法研究》(林华勇),北京大学出版社,2014 年 10 月。

《〈林州方言虚词研究〉序》,《林州方言虚词研究》(谷向伟),黄山书社,2021 年 8 月。

《〈指尖下的汉语——页面语理据研究〉序》,《指尖下的汉语——页面语理据研究》(许光烈),广东高等教育出版社,2024 年 3 月。

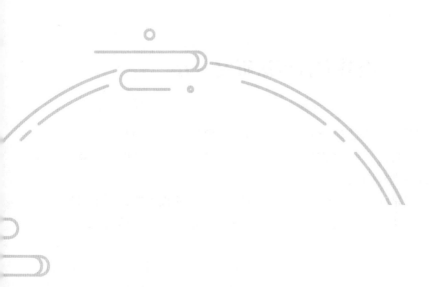

春风化雨

《浚县方言语法研究》序

读辛永芬《浚县方言语法研究》，颇有耳目一新的感觉：一种官话方言的语法，竟有如此丰富的特点，而这些特点，又是放在一个颇具特色的框架中来描写和论述的，因而显得特别鲜明。

方言语法的研究是汉语语法研究的一个重要方面。其所以重要，不是因为它可以提供一本完整的语法教材，以便别人来学习这种方言的语法，而是因为它可以为整个汉语语法的研究，为汉语语法发展历史的研究，为全人类语言在语法方面的理论研究做出其特有的贡献。作为一支重要的方面军，汉语方言语法研究往往还可以为另外的两支方面军——汉语语法史研究和汉语共同语的语法研究提供参考、佐证和启发。以上所说才是方言语法研究理论价值的所在，由此也决定了方言语法研究的角度和方法有别于共同语语法研究，方言语法研究著作的写法有别于普通话语法著作的写法。对一种方言语法论著理论价值的评判，虽有诸多方面，但是我想最重要的一点就是要看它是否能揭示出一种方言在语法上的特点，尤其是那些具有理论意义的特点、系统上的特点，揭示得有多准确，多深刻。试想，如果离开对方言语法特点的发掘、揭示、分析，以及对这些特点的成因的探究和解释，只是套用共同语语法的系统做一番不分轻重、不辨异同的全面描写，那么纵有许多本的《×县方言语法研究》发表，除了供后来的研究者做研究素材，其本身又有多少理论价值呢？

其实要对方言语法特点进行发掘、揭示和分析，以及对这些特点的成因进行探讨解释，都是很不容易的。方言语法的特点藏于活的口语之中，没有一定的理论素养，没有对汉语语法历史和对现在汉语共同语以及姐妹方言语法的了解，往往缺乏敏感性，熟视无睹，难以发现；就算有所发现，一开始它也总是零星的、表面的，要把规律揭示出来，要搞清某个现象的本质，还必须下功夫去调查、分析、比较。而且，当我们只知道一个特点的时候，常常难以对它有很准确的或比较深刻的认识，就像瞎子在还没有摸遍整头大象以前，哪怕把大象的一条腿都细细摸遍了，还是只能觉得它像一根柱子。必须从点到面，又从面到点，从零星特点到系统特点，又从系统特点出发看个别特点，不断反复地进行考察和探究，才能真正看清各个特点的本质。每个方言的语法都是自成系统的，有些特点借用现成的普通话语法的描写系统根本无法说明，有时甚至无法从这个世界上已有的语法术语中找到一个术语来概括，而这样的特点偏偏可能是方言语法研究对语法研究做出特殊贡献的重要特点，这时又必须另辟蹊径，而如何既以普通话语法为参照系，又不生搬硬套，既借鉴普通话或别种语言的研究结论，又善于摆脱其影响，避免削足适履，都是很考验人的。至于对一个语法特点的成因进行解释更非易事，除了要有汉语史的相关知识和语言演变机制的理论知识，还必须有广阔而又细密的眼光：一方面要看汉语史上的事实，一方面要把本方言的现象放在更广的地域背景下，在与其他方言尤其是邻近方言的比较中，从历史过程在不同地方的投影中发现演变的线索，还要对本方言或相关方言的语言事实进行洞幽烛微式的细致考察。方法上，则必须把历史比较法和内部拟测法很好地结合起来。有了这些，才能得到经得起推敲的结论，避免猜测式的甚至主观武断的结论。"成似容易实艰辛"，在阅读本书时，我们似乎时时可以想象到作者也经历了以上所说的种种艰辛。

按照上面所说关于方言语法研究成果理论价值的观点来评判，再充分设想在一项严谨科学的方言语法研究工作中有多少艰辛，本书作者下了多少功夫，是否有理论价值，有什么样的理论价值，我想无须由我来多说，学界同仁在阅读本书之时，自会有公正的评价。

是为序。

施其生
2006年11月25日凌晨于日本东京寓所

附注：《浚县方言语法研究》，作者辛永芬，2006年12月由中华书局出版。

《湘西南洞口老湘语虚词研究》序

近年来的一个可喜现象,是方言语法研究的成果越来越丰富。此刻,又一本新著——胡云晚的《湘西南洞口老湘语虚词研究》即将付梓。阅稿之际,居然颇有些兴奋,书稿中揭示的一些现象,常常令我这个方言语法研究"发烧友"的思维空前活跃——忽而问号成堆,忽而若有所悟。掩卷之际,一改当初阅读本书的前身——胡云晚的博士论文稿时的吹毛求疵,我看到了其独特的价值。

在这"信息爆炸"的时代,一本新著要有价值,多少必须发前人之所未见。《湘西南洞口老湘语虚词研究》的主要价值,我认为首先是为我们呈现了一个比较特殊的方言的虚词系统。书中所描写分析的是洞口东南角黄桥一带老湘语的虚词,该地在湘语区中偏于一隅,与赣语区隆回、武冈接壤,居民为历代外地移民,至今仍基本上以姓氏为单位聚族而居,这种特殊的地理—人口背景,自然使得当地的语言异常复杂。一方面,五方杂处的各种湘方言,在交际中相互接触,相互影响,相互融合,加上当地少数民族语言底层、毗邻的赣方言,以及共同语的影响,异质成分的碰撞、渗透时时处于非常活跃的状态之中;另一方面,作为交际工具的语言,受交际有效性、高效性的强力驱使,本身又有一种强大的系统整合能力。本书描写的这种洞口老湘语,应该就是上述两方面矛盾运动的结晶。

在语言接触、语言融合的过程中,词汇首当其冲,也最容易被吸收,语法尤其是句法则比较稳固。虚词既有像实词一样比较活跃的一面,又有作为语法要素而系统性较强、整合力较强,相对稳固的一面,因此在研究语言接触、语言融合中的语法现象时,虚词的考察有其特别的意义。《湘西南洞口老湘语虚词研究》把眼光聚集在虚词这个洞口老湘语语法中的亮点上,先不以语言接触、语言融合为研究的主旨,而是立足于客观的描写和分析,是一种比较扎实的做法。唯其如此,才使得本书有其难以替代的独特价值——为我们研究语言接触、语言融合中的语法现象提供一个不可多得的活样本。

这个"样本"有时很使我们开眼界。以介词为例,同义形式的繁复到了匪夷所思的地步:被动句中介引动作施事的介词有"把""把乞""等""乞""替""讨"和"着"七个;处置句中介引动作受事的介词有"把""把乞""帮""等""低""跟""捞""担""替"和"捉"十个;介引时间起点的介词光单音节的就有"把""漕""朝""从""打""等""黏""扒""凭""随""掏""同""由""自""走"十五个。

同义形式的连用也非同寻常,不但常常连用两个同义形式,还可以三个互相搭配连用，简直是"叠床架屋"。例如表给予、处置、被动的"把"和"乞"经常连用成"把乞"。表处所的"在""号"和"是"可以两两连用成"是在""号在""是号""号是"；"在"还可以与"号是""是号"连用成"号是在"和"是号在"。介引时间起点的"自"可以与其他介引时间起点的词两两组合成"自把""自漕""自朝""自从""自打""自黏""自扒""自凭""自随""自掏""自同""自走"十二个介词；这十二个表时间起点的介词还可以再一次与时间起点介词连用，成为三个同义语素的组合。总之，时间起点介词只要词形不同，几乎都可以任意组配，使得介引时间起点的说法多达一百多种。

一词多义本是介词比较普遍的现象，但是很少有洞口老湘语这么复杂的，例如一个"把"就兼有介引动作的受物者、服务对象、向对者、受事者、施事者和时间的起点等多种意义。

上述只是就介词举些例子，洞口老湘语虚词之繁复可见一斑。

如此繁复的"形式—语义"关系存在于同一个系统之中，自然要整合。整合常常促使并存的同义形式产生语义上和用法上的分工，我们看到介引动作受事的十个介词在使用条件上有种种差异，除了有些是由虚化过程动词的"语义滞留"所致，恐怕更重要的原因在于它们处于被整合的过程中。

如此繁复的"形式—语义"关系，其成因应该是多元的。有些是汉语史上不同历史层次在本方言中沉淀的结果，有些是语言接触与融合的结果，有些是本方言独特的演变结果。

把繁复的虚词尽数挖掘出来，梳理清楚；详细考察它们语义分工、句法分工以至使用的频率；和普通话及姐妹方言做比较以揭示特点；联系汉语史的事实做历史层次的分析；从语言接触和语言融合的视角对洞口老湘语虚词进行审视和解释……只有把这些都做好，我们才能进一步思考和回答语言演变、语言接触、语言融合，还有其他的种种问题。这些，作者都努力做了。虽然很多问题不是一个人一时可以解决的，书中疏漏之处、值得商榷之处甚至谬误之处在所难免，但作者毕竟尽力做了，起码是为后续的研究铺了路，筚路蓝缕之功自不可没。而本书因其有颇多前人所未见之处，作为新著的价值也毋庸多言。

是为序。

施其生

2009 年元月于中山大学

附注：《湘西南洞口老湘语虚词研究》，作者胡云晚，2010 年 4 月由江西人民出版社出版。

《西充方言语法研究》序

  王春玲《西充方言语法研究》即将付梓，作为很早就看过书稿的人，我很乐意为之说几句话。这个"乐意"，是真情实感而非客套。先睹为快，先已有个人之乐；而本书确实有其难以取代的价值，能够出版，我也为学界而乐。

  本书没有多少宏论，却有翔实的语料、对语料的分析，以及由此而引出的结论或理论，给人的印象是很扎实——没有架空的话，没有过头的话。这种书，表面上平实，实际上充满了治学中很可贵的一种精神——实事求是。

  不妨翻翻第四章4.1.3节"语气助词"。众所周知，描写语气词是很吃力的一件事。首先是意义虚，只可意会，难以言传，遇到如"嗦""嚓""嘤""啰嘛"之类很难在普通话里找到相应形式的，要和没有语感的人说清楚就更难了。其次是同一语气义往往有不同的形式，同一形式往往可以表达不同的语气义，而不同形式所表示的同一语气义，其实往往还有细微的差别。遇到一群同义与多义关系纠缠在一起的实词，分清义项、辨析同中之异、准确地给予释义尚且不易，何况这是虚词，是虚词中的语气词。但是这一节所收语气词之丰富，各词在义项的分合、词义和用法的描写、与同义词的比较及归类上之精当，在我见过的类似论著中可算非常突出。这是吃力不讨好的一节，成似容易却艰辛。写全写准写精了，别人也不见得就能看到多少出彩之处，但在写的人却是非下大功夫不可的。作者踏实、严谨的态度，实事求是的精神，以及较强的辨析能力，从本节可见一斑。

  实事求是并非只摆事实，而是要从事实中求取对本质的认识、得到某些有普遍意义的规律，深化理论上的认识。对于方言的语法研究，要做到这些，必须拥有足够丰富和全面的语言事实，必须善于归纳、比较和思考，还必须善于批判地吸收已有的理论成果。本书对前贤和时彦相关理论的独立思考，均未见诸议论之中，但是透过书中对语言事实的描写和定性，我们常常能看到对这些理论的检验、思考、吸收和丰富。例如，论述儿化和"子"尾时，作者不但敏感地注意到了有"两句儿、三斤儿""几把把儿、三片片儿、三四斤儿""斤把子、亩把子、件把子"等说法，而且指出这些例子中的儿化和"子"尾都是短语的构形手段，其"附加的语法意义也是属于整个短语的"。这样的判断应该不是信口而来，而是对于"汉语有些构形的语法手段是跨层级的"的观点进行过事实求是的检验和思考的结果。类似的理论思考随处可见：关于持续体貌助词"倒""起"和"倒起"、关于被动标记"着""叫""拿给"、关于经历体貌助词"过""来"和"过来"的分工及连用的解释、关于介词"待""得"的来源、关于西南官话表示"可能义"的类型学特点……作者无不立足于本方言的事实，旁及姐妹方言的事实，对前人的观点进行认真的考量，力求得出最符合事实的结论。

方言语法，以往有人以为差异不大；官话语法，以往更有人以为特点不多。那是我们还没有认真深入研究的时候，或者是没有认真深入研究的人的认识。近年来，众多的研究成果已经刷新了我们的认识，《西充方言语法研究》又一次让我们开了眼界。

学问没有止境，要说本书尚待提高之处当然也还有很多。比如，作者似乎小心有余而大胆不足，有些问题不敢展开讨论，在如何利用周边方言的情况进一步解决某些暂时看不透的问题方面，限于调查的不足也做得不够。

不过路是一步一个脚印走出来的，相信在未来，本书的作者，还有学界的同仁，在踏过《西充方言语法研究》这块阶石之后，又会有"后出而转精"的研究成果源源涌出，形成更多的阶石，使后人可以不断地攀登。

是为序。

施其生
2010 年 9 月 14 日凌晨于中山大学

附注：《西充方言语法研究》，作者王春玲，2011 年 2 月由中华书局出版。

春风化雨

《闽西永定客家方言虚词研究》序

书名《闽西永定客家方言虚词研究》；作者李小华，闽西永定客家人。本书是一个方言学者研究她的母语的著作。

一个人的母语方言，自然只是一个地点方言，本书写的只是一个地点方言，而且只写这个方言的语法，也并非全部语法，只是其中的虚词。这是所谓"解剖一只麻雀"之作，而且并非全面的解剖，只解剖其某个重要的部位，例如麻雀的五脏六腑什么的。

搞科学研究的，都知道分析个案也就是"解剖一只麻雀"是一种重要的研究方法。把一个自成系统的地点方言当作一只麻雀来解剖，可以洞幽烛微，进行深入细密的考察；也便于封闭起来，做穷尽性的列举，揭示其间的种种关系，完整地揭示其系统性。地点方言的调查研究是方言研究的基础，缺乏这种研究，我们很难把宏观的题目做得扎实。

汉语的地点方言，无论是大都市还是小山村的方言，其语音、词汇、语法都是自足的，任何地点方言都是一个完整的系统，都有独特的研究价值。有了尽量多的地点方言的深入研究，进一步的比较研究、纵向的历史研究、重要理论问题的研究就会有扎实的基础。大量地点方言的研究，对于客家方言来说尤其需要。客家方言的地理分布在汉语方言中非常特别，除了闽、粤、湘、赣四省相邻的一大片地带连成一片，其余是在八个省的广大地域中呈广泛播散性分布。相比于地域上相连成片（少数或偶有隔断）的其他方言而言，客家方言受姐妹方言甚或少数民族语言的包围最为严重，所受影响特别复杂。客家方言就在如此分散的情况下保持共同的特征，又因交际上的隔绝及姐妹方言的影响而产生差异。要了解客家方言的全貌，解释各地异同的原因，探究其中所涉及的理论问题，大量地点方言的调查研究是必不可少的。

而研究地点方言，先从自己的母语开始，是很值得提倡的做法。自己的母语自己最熟悉，最有语感，最容易发现线索进而顺藤摸瓜，有可能并用"自省"和调查两种手段来获得语料，对细微的语音、语义差别很敏感……利用这些得天独厚的条件，写成的论著，起码语料可靠，形式、意义、用法等的描述不会离谱，别人参考引用都可以比较放心。语法方面的研究，先从自己的母语入手，更是一开始的"正道"。语法材料较难发现，收集齐全更难；语法成分的意义较虚，不容易说准说清楚；虚词的用法、句法的规律等常常要靠类推来考察……这些都需要良好的语感，只有自己的母语最有条件。把自己的母语这只麻雀解剖透了，以后分析其他方言的语法时就有了经验，在普通话之外又多了一个参照系，可以避免把一些骗人骗自己的结论弄到文章里。

如此说来，本书专写作者母语方言的虚词，有其科学价值毋庸多言。至于价值有多大，还要看具体内容，这个只能由读者来评判。其衡量的标准，主要是看它对客家方言、汉语方言、汉语语法、汉语语法史等的研究有没有贡献，有多大的用处，因为我们研究的目的，并不以知道永定话的虚词是些什么样子为终极。

本书专写作者母语方言的虚词，对于客家话以至整个汉语方言的研究来说，充其量只是一片"豹斑"。古人拿"窥豹"说事时颇为自相矛盾，一会儿说"管中窥豹"，是讥讽人视野狭窄，只知局部不知全貌；一会儿说"窥一斑而知全豹"，却又肯定从局部细节可以推知宏观的情况。二者表面上好像互打嘴巴，实则不违辩证法，只看你是否具备条件来转化。

即以本书而言，作者在解剖永定客家话虚词这只麻雀的时候，是尽量把它放在汉语的大千世界里来观察，以避免"一孔之见"的。比如在描写虚词的时候，把相关的句式（例如处置句、被动句、疑问句、补语句等）也引出来一并探讨，这就把研究内容从虚词扩展到语法的其他方面，不完全"只见一斑"了。还有，书中常常把现代共同语、姐妹方言或近代汉语的同类虚词拉进来，和永定的做比较，以显示永定客家话个性和共性的所在，或据以探究某些虚词的来源、历史演变的轨迹、演变的机制等，这是作者竭力想要从一个豹斑推知更广更远的东西。而读本书的同仁，或许会结合自己的研究，动用自己的知识背景，从书中的永定方言虚词，看到更多有用的东西，这是另一个角度的"窥一斑而知全豹"。若如此，则此书的使用价值得以充分利用，也不枉了作者几年的辛苦，幸甚！

是为序。

施其生
2014 年 8 月 26 日凌晨于中山大学寓所

附注：《闽西永定客家方言虚词研究》，作者李小华，2014 年 6 月由华南理工大学出版社出版。

《泗水方言研究》序

泗水方言属中原官话，在中原官话东端的一处边沿上。

从语言地图上看，中原官话的奇特之处在于：除了在甘肃境内有间断之处，它一直从中国东边的黄海之滨延伸到中国西边的国境线上。江苏、山东、安徽、河北、河南、山西、陕西、甘肃、宁夏、青海、新疆，中国34个省级行政区有11个分布着中原官话。

几乎横贯中国的中原官话，东西两端距离如此遥远，在其绵延数千公里的版图上，又处处有姐妹方言与之接壤——江淮官话、冀鲁官话、西南官话、晋语、兰银官话，此外还有某些民族语言，地域变异加上外方语言的影响渗透，形成内部差异是必然的。但差异有多大？尤其是远离中段腹地的东西两端，是什么面貌？有些什么差异？又还有多少中原官话的特点得以顽固地保留？相信和我抱有同样好奇心的人还有不少。

眼前这本《泗水方言研究》，让我们有了一个开眼界的机会。中原官话的东端，大部分与冀鲁官话相毗连，小部分与江淮官话相毗连，泗水方言处于中原官话和冀鲁官话的过渡地带，从基本的方言特征看，应划入中原官话区，但所处的地理位置又令其带有不少冀鲁官话的特点。本书的面世为我们提供了一个可贵的样本，东端与冀鲁官话接壤边缘的面目有了一个细致的考察报告。

说细致，并非虚加夸饰。作者除了对泗水方言的代表点——泗水县政府所在地泗水镇的方言的语音、词汇、语法进行系统全面的调查、考察和分析，还选取泗水境内的158个自然村，就泗水方言的重要特点进行专题调查。书中10幅方言地图，是其密集型调查结果的集中反映，"礼失而求诸野"，村野之语的研究价值毋庸多言，而专题性的密集型的考察，是能使点连成线、线连成面的，很多方言特征的同言线被勾画出来了，面目自然也清晰了。在一种方言的边缘地带、过渡地带，这样的调查尤为需要，可惜我们总是缺乏那么一点扎实，多了那么一点浮躁，因此很多时候不想做或做不到。

书中的亮点无须在此详加罗列，会看戏的人是鄙视"剧透"的，何况亮与不亮不是我说了算。反正我个人粗阅之下，感兴趣之处颇多。随手拈几例：古知庄章三组今在泗水逢合口呼韵母有分有合，声母变成了 tɕ、pf、ts 三类；"儿、二、而、尔、耳"等字在小小的泗水范围内便有 [əl] [li] [ɚ] 三种读音，次浊入声在泗水的归调规律部分（如"月、木、辣"）依中原官话归了阴平，部分（如"莫、洛"）却依了冀鲁官话归去声，深究下去，背后颇有"玄机"。再如差比句格式在泗水境内除了某些地方有和北京话一样的"N_1 比 $N_2 A$"（他比你高），多数地方口语中用的是"$N_1 A$ 似 N_2"（他高似你）、"$N_1 A$ 起 N_2"（他高起你）、"$N_1 A$ 于 N_2"（他高于起你）和"$N_1 A N_2$"（一天热一天）。若联系汉语史和其他姐妹方言的情况，从类型学上看，是很有意思的。

成似容易实艰辛，无须讳言，本书离全面、深刻、精辟、完美还有距离，甚至不排除缺陷、谬误的存在，但基于大量实地调查所得材料而得出的东西都是宝贵的，何况在分析方法及结论方面还有很多可取之处。有价值的东西不应被埋没，因此我乐见它的出版。也相信这在作者只是"第一部"，因为作者不会止步于此。

是为序。

施其生
2014 年 5 月 28 日凌晨于康乐园

附注：《泗水方言研究》，作者王衍军，2014 年 6 月由暨南大学出版社出版。

《廉江粤语语法研究》序

眼前这本《廉江粤语语法研究》，其出彩之处在于出新。

新在何处？一是材料新。摆出了许多前人所未见的语言事实。二是见解新。从对某一语言事实的分析定性，对某些语法规律、演变规律的揭示，乃至观察问题的视野视角，用以分析或解释的理论，书中随处可见在前人研究的基础上更进一步或前人根本未曾言及的见解。三是写法新。框架采用专题式，不用通常描写一个语法体系时常用的"词法—句法"框架来铺排内容；更重要的是，有别于一般语法论著以描写为最主要内容，甚或只做单纯描写的写法，书中每一专题均有大量的讨论，如理论分析、理论解释、语法化途径和机制的探讨等，有些地方，还采用了新的概念或理论框架。

"新"好不好？不能一概而论。好的一面，用个时髦的说法，是有创新性。科学研究，如果没有创新性，就没有价值，"出新"无论如何是需要鼓励的。不过凡事也未必以"新"为最好，我们还有一个不时髦的成语叫作"标新立异"，就又带着贬义。所以，"出新"有风险，可能成功也可能失败，所出之新，可以是珍宝也可以是垃圾。

我有幸首先读到本书，其实，是有幸从作者致力于出新式的研究之始，便一步步看过来的。这里且就本书的"出新"发些议论，希望作者和读者一起来思考。

新材料一般都是方言语法研究中的珍宝，能挖掘出来，就难能可贵。不过也有优劣之分，应以实、全、细、精为佳。即所有例子都必须绝对符合口语说法，最好有注音，避免因汉字的局限而歪曲语言成分的真面目；分类列举要全面，以求充分反映语法意义、语法功能、语法规律等方方面面；但摆到论著里，也非一堆了事，多多益善，有时需摆十例才能充分说明问题，就摆十例，有时摆十例其实等于摆一例，就只摆一例。

新见解自应鼓励大胆发表，但是也有底线：必须是言之成理的。要言之成理，一方面必须根据事实来说话——根据事实定性质，根据事实归纳规律，根据事实进行推断，避免离开事实空谈，或指鹿为马。另一方面，论证、推断不能有逻辑错误，所据的理论框架要适合汉语方言，避免削足适履。

以上面所说来衡量，《廉江粤语语法研究》当属上乘。有争议的可能在于第三个"新"。对于书中于方言语法现象的描写之外还写了不少理论探讨的话，不同的人可能褒贬不一。有人会大加赞赏，认为这样做理论含量大，有深度，有高度。但也可能有人会觉得方言语法论著不需要太多的理论发挥，某些推断和理论解释是否经得起推敲很难说,理论说多了反倒水分多。以前曾听过一位方言学大家的多次呼吁,他极力主张的是方言学文章只要高质量的描写,少套理论,少谈议论,有理论放在描写中就行了。又曾和一位现代汉语语法学家闲谈,他说自己有些看不起现在的方言语法文章:都是描写,没什么理论。如果由这两位先生来评判本书,毁誉不一是肯定的。

其实二位先生的看法都有其根据。方言语法研究需不需要理论?当然需要,而且是特别需要。从发现问题到进一步挖掘,到全面获得材料,到对现象的分析,对语法意义的表述,对语法成分、语法特点的分类、定性,对语法规律的概括,每一步,理论素养的高低都会产生直接的影响。尤其到了分析定性阶段,是否有一个合适的理论框架,常常决定着结果的科学性。再进一步,是不是还可以提高到理论高度来探讨?例如,要不要利用语法化理论的研究成果、认知语言学的研究成果、语言接触和语言融合理论的研究成果等,对语法成分、语法特点进行溯源或解释?要不要站在语言类型学的高度看方言的特点?要不要提出一些新概念、新范畴甚至新观念来丰富我们的理论认识?答案也是肯定的——那是锦上添花。

但是也要看到另一个方面,就是方言语法研究有其自身的特殊性,不能照共同语语法研究的葫芦来画瓢。

汉语语法研究有三大领域——共同语语法研究、方言语法研究、汉语语法史研究,其研究对象各有不同,应有所分工,有所侧重,有各自的特点。只有当各领域都立足于本身研究对象的特点,得出大量有自身特色的创造性的成果的时候,整个汉语语法研究才能有自己的特点,才能富有成效,才能更好地为世界的语法研究做出贡献。就像一个交响乐队,弦乐部、管乐部和打击乐部都要尽量发挥自己的个性,无法也不可以都和小提琴齐奏。

共同语的语法事实,众多学者关注了一百多年,大多揭示得比较充分,而且大家都懂,可以类推。汉语那么多的方言,语法方面早期以为大同小异,越研究发现差异越多,有些差异还很大。但是由于语法现象的发现和全面揭示需要很好的语感,方言语法研究者的人数有限,起步又晚,至今所能揭示出来的,还只是冰山的一角,而且多为一些较为显著的特点。这种情况使得共同语语法的研究已经处在可以进行大量理论探讨的阶段,而方言语法研究仍处于需要把事实的发掘和描写作为最重要的任务的阶段。

方言语法语料收集不容易:很多方言说法普通话难以准确对译,没法参照普通话语法来定性,有的甚至无法使用现有的术语来表述,高质量的描写也不容易。在一地方言的语法系统还未摸清摸透,或对一种语法现象在各地方言中的表现茫然无知的情况下,要马上提出理论解释,或套用某种理论分析一通,甚至据之提出什么新理论,就更难了。往往很难拿准,弄不好常常以偏概全,或如瞎子摸象,把大象的腿误断为柱子。所以我们并不主张方言语法论著过多地谈理论。在没有充分把握的情况下,把事实描写清楚,准确加以定性,已经很好了。上面说过,其实这样做的时候,每一步都需要理论指导,包含着理论见解。更多的理论发挥,不妨留到日后时机成熟的时候,由你自己或同行再做,以免形成理论泡沫,让满天飞的理论帽子阻挡了大家的视线。当然,如果你的理论修养足够好,相关问题又确信已经摸透,理论上有话不吐不快,用摆事实讲道理的方式进一步从理论上加以探讨,那是更好的。我们只是排斥理论泡沫,并非避忌理论。

回到刚才触发这一番议论的问题:对于本书的第三个"新"应该肯定还是否定?下评语前不妨来个抽查,窥一斑以见全豹。

第五章第二节论言说义动词"讲"的语法化,先是挖掘出廉江方言的"讲"除了作言说义动词外,还可以出现在句首、句中和句末,分别作情态标记(表示自我表述和引述)、标句词和话题标记的事实,对四种虚化了的"讲",在意义和功能上加以全面的描写,并据之分类定性。分析转述标记"讲$_2$"时,联系了香港、广州、惠州、北京等地方言句末的"讲""喝""话""说"等,以及独龙语作转述情态标记的后缀-wa^{31},得出"言说义动词向转述或引述等传信情态标记的演变,是一条较为常见的主观化路径"的结论。分析标句词"讲$_3$"时,把普通话和汕头、广州、廉江三地方言的情况放到一起,勾勒出汉语的言说义动词向标句词演化的链条,又以西非 Ewe 语的言说义动词"bé"(说)语法化为标句词,泰语(壮侗语族)、高棉语(南亚语系)、拉祜语(藏缅语族)、塔芒语(藏缅语族)、Camling 语(藏缅语族,在尼泊尔)、Kwamera 语(南岛语系)等都存在言说义动词虚化为标句词的情况,说明言说义动词向标句词的演化也具有一定的普遍性。最后,指出四种功能的"讲"均由言说义动词"讲"语法化而来,联系其他语言和方言得出廉江方言"讲"的语法化具有一定的普遍性。

全节内容,始终不脱离经充分挖掘而得到的事实,但是视野不局限于廉江方言,结论不局限于就事论事。先是全面、细致、准确的描写,描写时有实事求是的分析定性,后又从廉江方言的事实出发,旁及其他方言或语言的同类事实,借鉴某些理论,做更深入的理论探讨(如关于"讲"的语法化途径及机制的探讨),做出适当的理论概括。所下的结论,是能说几分只说到几分,没有过头话。这样的理论发挥,是从实事中求是,严谨而扎实,看不出泡沫。因此,本节的理论探讨只会为本节增色,学术上是增值,对他人的研究、后续的研究会有一定的启发作用。以我上面所论关于方言语法研究中如何看待事实描写与理论探讨的意见来评判,个人认为是值得肯定,可以借鉴的。

从事方言语法研究几十年,我其实很得益于理论思考,但文章里却尽量少写理论,总是战战兢兢,怕有些话说出去日后经不起考验。我看学生的文章,爱删那些用普通话的事实也可以说明的议论、无法排除其他可能性的论断或推测、引用难以核对的二手材料做出的结论、和事实贴得不紧的理论发挥、从有悖于汉语普遍特性的某些时髦理论中拿过来的理论帽子等，或者在旁边加问号。唯独对于华勇，一开始就鼓励他在努力挖掘方言语法事实的同时多做理论思考——实际联系理论。因为从一开始我就觉得他是个严谨的人，并未本末倒置，路子是对的，基础也较好，有望从小本钱做大买卖发展到大本钱做大买卖。果然，此后他一步步走过来，有了很多喜人的收获，这本书就是其一。

  本书只是即将付梓，做出评价为时过早，评价也非我一人所能论定，那是需要历经时间和事实的考验，由学界的口碑来做出的。表面上写得有点像书评，其实本意不在作评，是想一箭双雕：既引起大家对本书的兴趣，也借题发挥，对方言语法研究的路子说说我的一孔之见。学界同仁，不妨连书带序一起审视评说。

  是为序。

施其生

2014 年元月 12 日凌晨于康乐园寓所

  附注：《廉江粤语语法研究》，作者林华勇，2014 年 10 月由北京大学出版社出版。

《林州方言虚词研究》序

林州地处太行山东麓，在河南省境内，说的却是晋语。晋语是北方方言中较特殊的一支，因其与其他官话不相同的特点很多，差异相当大，中国社科院与澳大利亚人文科学院合编的《中国语言地图集》把它从官话方言里分立出来，视为与官话方言并列的一种方言。晋语以"晋"命名，自然主要分布于山西省，但却和"山西方言"是两个概念，它是一个根据语言特征划分出来的方言，包括山西一部分有入声的方言，以及与山西毗邻的陕西、内蒙古、河北、河南一带有入声的方言。有资格称为"晋语"的，必须具备晋语的两个共性，一个是地处山西及其毗邻地带，一个是有入声。要论据以判定的语言特征，只有后者一个。给一种事物分类命名，只用一个标准，才可以有一个准确清晰的外延，类内类外泾渭分明。这样做最为干脆利索，但问题是，晋语是很多方言的集合，包含很多同中有异的方言，不同市、不同县，甚至不同乡镇，都可以感觉出彼此的差别。其间的同与异，既可以是语音上的，也可以是词汇上的、语法上的。"有入声"只是语音上诸多特征中的一个。

这样的一个特征，只可视为方言分类分区的一个人为的标签，因为它并不一定与其他语音、词汇、语法特点有必然的共生关系，可以代表一系列的种种特点，体现晋语的本质属性。诚然，找到并确定这个标签的过程，已经经历过一番认真的调查研究，为晋语的研究奠定了一定的基础。但是，由于以上所述原因，晋语研究者此后马上就面对一个重要的使命，那就是更加全面、更加深入地认识晋语的共同特征和内部差异，揭示它的形成、发展历史，以及和北方姐妹方言之间的关系。

可喜的是，改革开放之初，"科学的春天"来临的年代，中国社会科学院语言研究所和山西方言学者合作进行的，对晋语的大规模调查研究，有力地带动了晋语的研究，使之一度成为汉语方言研究的热点，也催生出一大批晋语研究者，其中不乏出类拔萃者，他们把晋语的研究往前大大地推进了一步，从语音、词汇到语法，从中心地带到边缘地带，研究成果之丰硕，一度领先于北方姐妹方言，可以与东南方言媲美。晋语的面目逐渐清晰丰满，晋语的共性及内部差异被揭示得更加细致。

然而，科学的探索是永无止境的。就目前的情况而论，晋语的研究仍有很多未及之处，仍有短板。

就晋语八大片论，短板在山西省外的北缘、东缘；就语音、词汇、语法三要素论，短板在语法。

面前这本《林州方言虚词研究》恰好就是一本补短板之作：它写的是山西省

外晋语东缘的语法。书中全面地描写、分析了林州方言语法的重要部分（虚词，旁及句式），既有和别处晋语共同的现象，也有某些差异。其所展现的现象及作者的分析，不但可丰富我们对于晋语的认识，还可能引出某些值得进一步探讨的问题，或对解决此前未能解决的问题有所帮助。总之，是有可能促使我们触及某些未及之处，推动或有助于我们的研究向纵深处发展。例如，林州也有"圪头词"，但没有晋语中心地带多，又有"圪V"式句法组合（"圪躺一会儿"），表示动作持续的时间短、轻松随意，"圪V"式可以重叠（"自己把鸡窝圪垒圪垒算了"），表示动作随意，不认真。而晋语之外的中原官话等，也有少量"圪头词"。这些情况能说明什么问题？又如，林州的"了"分化成了好几个，语音、分布和语法功能有所不同，是否可以通过和其他晋语的比较，窥探出"了"在晋语中发展、演变、分化途径及其机制？再如，林州有几个表时体的虚词如"将""来""动"等，这些虚词的意义和其他地方的晋语是否完全相同？通过比较，是否可以更清楚地确定这些词的来源及语法化过程？

从语言地理学的角度，观察林州方言的语法面貌，也可以引出一些有趣的问题。林州话和山西南部晋城、陵川、泽州等地的晋语同被划归晋语邯新片获济小片，已知彼此在语音上有很大的共性，这可能和此一小片的方言均受到中原官话的影响有关。那么，语法呢？林州与山西境内获济小片的方言隔着一座太行山，大山的阻隔是否导致了小片内的语法差异？如果有，那是林州的更原始，还是林州的变得更快？如果差异极少，那是否有超越大山的其他地理、人文因素，比如河流、山口、族群来源、经济活动范围，等等？林州独特的地貌、地缘、人文特点，有其特殊的研究价值，若能细加比较，洞幽烛微，也许会有意外的发现，尤其在目前所知尚少的语法方面。

从以上所述，我们应该看到这本《林州方言虚词研究》有其不可代替的价值。

近年来，随着中国社会的快速发展，随着社会现代化的加速，经济、政治、文化活动的高度开放，汉语方言有被普通话取代或同化的趋向，晋语地区早就不是阎锡山时代的独立王国，晋语这一在北方方言中独具特色的方言，也难逃其特色退化的趋势。由于语言心理的影响，其退化速度甚至快于中国东南部的方言。晋语的代表方言太原话目前已经形成了新旧两派，新派就是严重普通话化的方言。还有很多年轻人，已经不说甚至不会说晋语。随着老派退出历史舞台，太原话的未来可想而知。晋语区其他城市，情况大同小异，总之，在山西，以太原为火车头，由大城市至中等城市至小城市至城镇乡村，晋语的本色逐渐在衰减，使用场合在减少；而晋语的边缘地区又正在被逐步蚕食，陕北的延安，京郊的延庆、怀柔相继陷落。说晋语正在逐步消亡恐非耸人听闻之言。林州话因其处偏僻之地，目前可以说还基本保留晋语的原貌。"礼失而求诸野"，未来，可以预言，当我们想要了解晋语、研究晋语的时候，这本《林州方言虚词研究》总得翻出来仔细看看。

对此书的具体内容、亮点及不足之处，这里就不做"剧透"了，还是留给读者自己去了解，去评判吧。我个人的感觉，是《林州方言虚词研究》一如其封面及作者谷向伟般平实，突出的贡献谈不上，但起码填补了一处空白，并且，尤为可贵的是：书中没什么"骗人骗自己"的东西，从材料到分析和结论。

　　是为序。

施其生

2021 年 6 月 29 日于中山大学寓所

附注：《林州方言虚词研究》，作者谷向伟，2021 年 8 月由黄山书社出版。

《指尖下的汉语——页面语理据研究》序

　　语言是人类交际的工具，人类生活在社会中，不能离开社会，人类社会若没有了人类的交际便不能维系，因此，人类—社会—语言三位一体。语言为适应人类交际的需要，总是处于相对的稳定和绝对的变动之中，相对稳定是为了正确而顺畅地沟通，绝对的变动除了语言系统本身调整的需要，更主要的是为了适应时刻变动着的人类生活和人类社会。语言有三要素——语音、语法、词汇，三要素中，若论变动的活跃程度，当以词汇为最；若论变动与人类和社会的关系，也以词汇最为密切，最为直接。

　　中国人、中国社会，以接入世界互联网为标志，从1994年起进入了互联网时代，互联网时代不但极大地改变了中国社会的各个方面，出现了很多新的事物，还改变了中国人的生活、生产方式。与以往的中国社会大变革时期一样，剧烈的社会变革促使汉语涌现出了大量新词。又与以往社会变革时期不同，互联网时代的到来还变革了中国人的交际方式，增加了一种极为高效的交际方式——基于互联网的线上交际方式。这是一种高速的、可以超越时空、不受人数限制的交际方式，其用以负载信息的符号系统仍是汉语；汉语一上线，就成了中国的"网络语言"。在新的交流渠道上运行的汉语网络语言，由于线上交际的高速、超时空、不受人数限制等特性，其变动来得更为剧烈，其中首当其冲的是语言的建筑材料——词汇。词汇在线上交际中的变动是最为活跃的，在诸如新造、约定俗成、流行、更替、淘汰等过程所呈现的现象空前纷繁，词汇的变动速度也远比线下迅速。若深入一步探究各种现象之"所以然"，就不难发现"线上汉语"词汇的某些产生、演变机制是"线下汉语"所没有的。

　　既然踏入网络时代的汉语词汇，有着汉语词汇史上前所未见的种种现象、成因、机制和规律，对其进行客观的记录和深入的分析研究，就是新时代汉语研究者责无旁贷的任务。这方面研究，对于汉语词汇学、汉语词汇史、社会语言学的科学价值毋庸多言。做好了，甚至可以为世界语言学的研究，提供我们汉语言研究者的一份贡献。

　　所幸，中国的学者不负众望，早就主动开始关注这个课题。最早的研究成果，重要的要算于根元先生的《网络语言词典》《网络语言概论》，时至今日，网络语言研究者前赴后继，成果越来越多，网络语言的研究在中国已蔚然成风。

现在，我们面前又出现了许光烈教授的新作《指尖下的汉语——页面语理据研究》。

页面语是作者提出的一个新概念，作者认为宽泛概念上的网络语言，其基础部分仍为汉语的全民语言，线下汉语的口语和书面语两种语体也在线上使用，但除此之外，还有一种线上交际特有的语体，是以网络页面为载体的语言，它突破了口耳授受或纸质载体的局限，产生了一系列的变异，成为一种有着独特语体特征的语言变体，是网络时代才出现的，跟口语和书面语三足鼎立的一种新的语体，汉语网络语言新生的特质集中地体现在这种狭义的网络语言中，可称为"页面语"。本书研究的对象就是这种页面语的词汇。书中根据汉语词语的构成虽同时具有任意性和理据性，但造词和约定俗成特别重理据，新词的产生大多有其理据这一特点，观察、分析了大量网络页面语言造词的理据特征，从语音理据、语形理据、语法理据和语用理据等几个方面进行考察、定性、分类，并进而据之探求汉语网络页面语言造词及词汇演变的规律，发现了很多与线下汉语不同的现象、机制和规律。

我们高兴地看到，《指尖下的汉语——页面语理据研究》的研究所瞄准的对象正是网络时代汉语新特质高度聚集的部分——页面语的词汇，探究的重点是网络时代汉语词汇变动现象深层的核心问题——页面词语的造词理据。

科学研究中，一种新的重要的研究对象，有可能催生出新的研究学科，许多新学科、新理论的诞生，都发源于对新生研究对象的研究。此类研究面对新对象，固然有望获得闪耀着原创性的亮点，但也常常会遭逢理论方法上难敷其用的困境。若不满足于用旧套路解新问题，就必须有一种筚路蓝缕的精神，面对新对象新问题，敢于闯新路。汉语网络语言的研究，都还只走在半道上。光烈教授的这部书，面对新成分新案例，没有拘泥于用汉语词汇学已经成熟的分析套路来分析页面语的词汇，而是尽量"实事求是"，对页面语新词的种种造词理据进行客观分析，给予客观的分类定性。遇到旧框架、旧术语不敷其用的，则尝试创建一些新的概念，采用新的术语来概括、揭示。例如，书中揭示汉语词语造词理据的动因和规律，称之为"磁化现象"，"磁化现象"又分"纵向磁化"和"横向磁化"。"磁化"借自物理学术语，贴切而形象。再如书中从"趋谐性""趋俗性""趋象性""趋异性"揭示页面语造词理据的多种特性，言他人之所未言，也颇有新意。

自然，既然是筚路蓝缕之作，便难以尽善尽美。若以挑剔的眼光观之，则似乎理据模式部分略显粗糙，不同类型之间重叠交叉的问题未能妥善解决。期盼作者继续砥砺前行，再有精品问世！

是为序。

施其生
2023 年 10 月 18 日于中山大学广州蒲园寓所

附注：《指尖下的汉语——页面语理据研究》，作者许光烈，2024 年 3 月由广东高等教育出版社出版。

语林竞秀

"小称""小量"研究的理论与实践

辛永芬

一、引言

"小称"是汉语普通话和汉语方言中非常显赫的语法范畴，特别是汉语方言，在表达手段、语音形式和语义功能方面较之现代汉语普通话要丰富得多。关于小称，学界有很多研究和讨论，比如郑张尚芳（1980）、周祖谟（1987）、吴继光（1988）、钱惠英（1991）、马文忠（1995）、赵日新（1999）、曹志耘（2001）、王临惠（2001）、沈明（2003）、朱晓农（2004）、石毓智（2005）、林华勇（2005）、曹逢甫（2006）、伍巍和王媛媛（2006）、方梅（2007）、邢向东（2020）、庄初升（2020、2021），等等。学者们研究的视角一般集中在小称的表现形式、表达手段、语义功能、跨语言或跨方言比较等方面，关注更多的是名词的小称以及小称的名词化功能。

施其生先生 1997 年在《方言》第 3 期发表了《汕头方言量词与数量词的小称》一文，将小称的研究视角深入到了量词和数量词领域，区分了名词小称、量词小称和数量词小称的不同，扩大了研究视野，提升了研究深度。

二、汕头方言量词的小称与数量词的小量

汕头方言的小称形式有两个，"囝 [kiã^{53}]" 和 "囝呢 [kiã$^{53-24}$ni^{35}／kiã$^{53-24}$ni^{55}] ／囝□ [kiã$^{53-24}$niʔ^{5}]"。这两种小称形式有程度之分，"囝呢"比"囝"更小，它们都可以用在量词和数量词之后。量词后缀"囝""囝呢"同时也是名词的小称后缀，但量词小称跟名词小称的功用不一样，"量词小称表示事物的单位较非小称的同类单位小，而名词小称表示该事物较非小称的同类事物小"，二者的表义不同。比如：

（1）买了两尾囝鱼。（买了两个小条的鱼。）
（2）买了两尾鱼囝。（买了两条小鱼。）
（3）买了两□ [tẽ$^{35-31}$] 囝白菜。（买了两小把白菜。）

（4）买了两□［tẽ³⁵⁻³¹］白菜囝。（买了两把小白菜。）

例（1）、例（3）用了量词小称"尾囝""□［tẽ³⁵⁻³¹］囝"，例（2）、例（4）用了名词小称"鱼囝""白菜囝"，前者侧重于单位小，后者侧重于事物小。

汕头方言还可以在数量词的后边加上"囝""囝呢"，表示把事物的数量往小里说。如：

（5）□［tsʰue³¹］通挂正□［tsʰue³¹］着三粒囝铁钉！好做呢？去买哪。（找了半天才找到了三个钉子，顶什么用？买去吧。）

（6）几尺囝呢布，□［mai²¹³⁻⁵⁵］俭哪，用红布好过红纸。（才几尺布，别那么抠了，用红布比用红纸好。）

（7）两车囝呢煤好做呢？（才两车煤顶什么用？）

由于数量词和量词的小称词缀相同，量词又常常跟数词结合，因此数量词小称常常跟量词小称在句法的表层形式相同，但二者的结构不同。数量词小称的结构是"数量+囝"，量词小称的结构是"数+量囝"。数量词小称的意义是把事物的数量往小里说，量词小称是表示单位比较小。

这种量词小称和数量词小称在闽南方言中普遍存在，后来先生在《小称、小量及其他》（中国语言学会第十九届学术年会论文，广州，2018年11月）以及《闽南方言语法比较研究》（2023：407–418）中，将量词小称与数量词小称区别开来，分别称为"量词的小称""数量词的小量"。施先生（2023：418）认为，"量词的'小称'和数量短语的'小量'语法意义有差别，带'小称'和'小量'形态的语言成分，在语法功能上也有区别。然而，二者在语法意义上很接近。其形式常常相同或同源，显然有密切的联系，应该属于同一个上位范畴"。

数量词的小量从小称词缀活动的层面来说也是一种"词组的小称"，这一现象的揭示正是先生汉语"词组形态"学术思想的最早发端。

三、浚县方言形容词短语的小称儿化

先生对汉语方言现象的观察细致入微，深入透彻，特别是对这些诸如"量词小称""数量词小量"这种特殊语言现象的分析常常能别开蹊径、鞭辟入里，思考的高度和深度都令人叹服！受先生这种学术思想的启发，笔者在博士学位论文写作中也发现，浚县以及浚县周边的很多方言中有一种用于形容词后的儿化现象，很难用一般名词的小称来解释，而从"短语的小称"或说"词组形态"的角度去考察分析，问题便迎刃而解了。这一思路后来形成《河南浚县方言形容词短语的小称儿化》，发表在《语言研究》2008年第3期上。

浚县方言有一种用在形容词后的儿化现象，比如：

镇高儿→ [tʂən²¹³kor²⁴]　　恁们长儿→ [nən²¹³mən⁰tʂʻɚr⁴²]
三米深儿→ [san²⁴mi⁵⁵tʂər²⁴]　　不多宽儿→ [pu²⁴tuə⁵⁵kʻuor²⁴]

这里的"高儿""长儿""深儿""宽儿"在句法上不独立，或者说它们是粘着性的，当它们跟表示指示程度意义或数量意义的成分构成形容词短语时才可以表示一定的语法意义。就是说，形容词的单独儿化形式与其非儿化形式并不能构成语义上的对立，而是整个形容词短语儿化之后跟其非儿化形式的形容词短语构成了语义上的对立。即不是"高儿"与"高"对立，"深儿"与"深"对立，而是"镇高儿"与"镇高"对立，"三米深儿"与"三米深"对立。因此，我们认为这里的儿化不是粘附在形容词上的，而是粘附在整个形容词短语上的。如果将形容词记作A，形容词的前加成分记作"指量"（包括指示义和数量义），那么"指量＋A＋儿"的结构层次是"[指量＋A]儿"。"指量＋A"框架实际上包含了说话人确认的程度量或数量，"[指量＋A]儿"是把这个已经确认的程度量或数量再往小里说。如：

(8) a. 他长ᴰ① 镇高。
　　b. 他长ᴰ 镇高儿。
(9) a. 这条河三米深。
　　b. 这条河三米深儿。

a组使用的是基式，"程度指示代词＋A"表示对A本身程度的指示或夸张；b组使用的是小称式，"[程度指示代词＋A]儿"表示把"程度指示代词＋A"所表示的量往小里说。a组和b组在语义上形成一种对立。例(8a)是说他长了这么高，带有往大里夸张的意味；例(8b)是把高度往小里说，意思是说他长的高度小，或者说他长得矮。例(9a)是客观描述这条河有三米深；例(9b)表示说话人认为这条河"三米深"是一个比较小的深度，言外之意是说这条河不深或这条河浅。

能进入这种小称儿化框架的"指量"成分受到一定的限制。一般是具有指示

---

① 上标"D"表示的是浚县方言的动词、形容词、介词、地名词的变韵。在浚县方言中，动词、形容词、介词、地名词都有变韵现象，其中动词、形容词变韵之后表示与基本韵不同的语法意义。请参看辛永芬（2006）。

程度意义（包括肯定的、否定的和疑问的）或数量意义的成分，主要有"镇""镇们""恁""恁们""不多/有多""不"和"多"和数量义短语。如：

（10）他只满镇高儿。（大意：他个子很低。）
（11）一个小时只干[D]镇们多儿活儿。（一个小时只干了这么一点儿活儿。）
（12）你只买[D]恁些儿哟。（你只买了那么一点儿呀。）
（13）他才有五十斤重儿。（他才有50斤重。）
（14）学校嘞院墙才一人高儿。（学校的院墙才有一人高。）
（15）那条蛇不/有多粗儿。（那条蛇不粗。）
（16）那个西瓜不大儿。（那个西瓜很小。）

形容词短语的小称儿化不独浚县方言有，河南的大部分地区普遍都有。据笔者调查，豫北的安阳、汤阴、鹤壁、淇县、卫辉、内黄、濮阳、滑县、延津、长垣，豫西的陕县、宜阳、洛阳、巩县，中部的郑州、许昌、平顶山，豫东的开封、商丘，豫西南的南阳、唐河等地都有这种小称儿化现象。

四、结语

形容词短语的小称形式，性质上与施先生所报道的数量短语小称是有同一性的，都是"词组形态"。后来，其他方言也陆续有类似的现象被揭示出来。先生的《汉语方言中词组的"形态"》（2011）一文，对这一理论思考进行了总结。先生认为"在汉语方言中，有一些类似印欧语形态的语言形式是属于词组、给整个词组增添某种语法意义的。这些'形态'，和词法层面的'形态'在功用上并无二致，如果承认汉语的词有某些类似印欧语形态的东西，我们就不得不承认汉语的词组也有'形态'"。他还指出"词与词组、词与词素的界线常常被打破是汉语的一个特点，词组'形态'的存在是汉语这一特点所使然，不承认这个特点，会对汉语语法的研究造成某些局限"。

参考文献
曹逢甫 2006《语法化轮回的研究——以汉语鼻音尾/鼻化小称词为例》，《汉语学报》第2期。
曹志耘 2001《南部吴语的小称》，《语言研究》第3期。
方梅 2007《北京话儿化的形态句法功能》，《世界汉语教学》第2期。
林华勇 2005《广东廉江方言助词研究》，中山大学博士学位论文。
马文忠 1995《晋方言里的"圪"字》，《大同高等专科学校学报》第3期。

钱惠英　1991《屯溪方言的小称音变及其功能》,《方言》第 3 期。
沈明　2003《山西方言的小称》,《方言》第 4 期。
施其生　2011《汉语方言中词组的"形态"》,《语言研究》第 1 期。
施其生　2023《闽南方言语法比较研究》,中山大学出版社。
施其生　1997《汕头方言量词和数量词的小称》,《方言》第 3 期。
施其生　2018《小称、小量及其他》,中国语言学会第十九届学术年会论文。
石毓智　2005《表现物体大小的语法形式的不对称性——"小称"的来源、形式和功能》,《语言科学》第 3 期。
王临惠　2001《山西方言"圪"头词的结构类型》,《中国语文》第 1 期。
吴继光　1988《也谈普通话里表示儿化的"儿"》,《汉语学习》第 2 期。
伍巍、王媛媛　2006《徽州方言的小称研究》,《语言研究》第 1 期。
辛永芬　2008《河南浚县方言形容词短语的小称儿化》,《语言研究》第 3 期。
辛永芬　2024《豫北中原官话的小称形式和语义功能》,《河南大学学报》第 1 期。
邢向东　2020《西部官话中名词小称形式的分布和类型——兼及动词重叠式的分布》,《语言研究》第 1 期。
赵日新　1999《徽语的小称音变和儿化音变》,《方言》第 2 期。
郑张尚芳　1980《温州方言儿尾词的语音变化（一）》,《方言》第 4 期。
周祖瑶　1987《广西容县方言的小称变音》,《方言》第 1 期。
朱晓农　2004《亲密与高调——对小称调、女国音、美眉等语言现象的生物学解释》,《当代语言学》第 3 期。
庄初升　2020《客家方言名词后缀"子""崽"的类型及其演变》,《中国语文》第 1 期。
庄初升　2021《湘、赣方言与"儿子"义名词相关的后缀》,《方言》第 1 期。

"虚成分"研究的理论构建与实践应用

胡云晚

一、引言

从语言系统出发,虚成分指意义较虚的语素,包括虚词及构词或构形的词缀。构形词缀及虚词,是汉语方言尤其是粤方言较具特征的语言现象。在组合功能、语义功能等方面,方言虚成分与现代汉语普通话虚词区别明显。关于方言虚成分,学界已有不少研究和讨论,譬如乔全生(1996、1998、2023),邢向东(1997、2000、2001、2002、2020),汪国胜(1998、1999、2013、2021),刘翠香、施其生(2004),辛永芬(2004、2008、2013),林华勇(2007、2014、2015、2021),张占山、李如龙(2007),胡云晚(2005、2007、2008、2010、2019),盛益民(2010、2018),陈卫强(2011、2013),龙翔(2012),陈山青(2012、2014、2015、2023),李小华(2014),周洪学(2015),郑伟(2017),张超、林华勇(2021),陈淑梅(2023),等等。学者们的研究视角一般集中于单点方言虚词系统的描写与分析、某类虚词的语义语法功能、个别虚词的语法表现或演化路径与轨迹。

施其生先生 1995 年在《语言研究》第 1 期发表了《论广州方言虚成分的分类》一文,讨论了虚成分的分类原则和广州方言虚成分的一些特点,以此为基础,提出了虚成分的分类统,并将常见虚成分归入系统中相应的类。论文将方言虚成分的研究扩展至构形词缀,扩大了方言事实的研究视域,提升了语言理论的研究深度。

二、广州方言虚成分的语言特征与系统分类

广州方言有许多只能后置于谓词的修饰性成分,也有一些只能前置的修饰性成分,还有一些前后置两可的成分。如:

(1) 你食**先**,唔使客气。(你先吃,甭客气。)
(2) 等一阵**添**,我就来喇。(再等一会,我就来了。)

（3）**仲**唔快哟。（还不快点儿。）

（4）**唔通**要老妈子求你。（难道要老妈子求你。）

（5）鱼冇咗水**梗**死喇。（鱼没有水当然要死的。）

（6）呢下死**梗**架喇。（这回死定了。）

有论著把只能后置的成分归入副词，认为广州方言有副词可以后置的特点。

副词而可后置，助词又是一个大杂烩，除了难以算作词的"吐""翻"之类，还包括"嘅"、"得"（走得快）、"到"（吓到震）、"瞰"（笑笑口瞰讲）、"咐"（鬼杀咐嘈）之类的虚成分。这种现象引发了先生关于副词与助词划界的思考。如：

A组　a. 呢块布颜色淡**咗**啲。（这块布颜色淡了一点儿。）
　　　b. 呢块布颜色淡**翻**啲就好喇。（这块布颜色再淡一点就好了。）
B组　a. 唔使同我买票**嘞**。（不用跟我买票了。）
　　　b. 唔使同我买票**住**。（不用替我买票了。）

如果认定广州方言中副词可以后置、有后置副词，那么，上述 A、B 两组的后置副词"翻""住"和助词"咗""嘞"将成为同类词；后置副词"翻"与"住"、助词"咗"与"嘞"反而成了不同的词类。

先生立足广州方言系有大量后置修饰性虚成分、前置和后置修饰性虚成分各有相当阵容的语言事实，确定了从组合功能和语义功能角度考察虚成分性质的原则，建立了广州方言虚成分的分类系统：首先，根据活动层面，把虚成分分为虚词和形尾；再根据语义功能，各分为修饰性和结构性两类虚词和形尾；然后，根据结构的位置（粘着的方向），分出前置、后置或中置成分。如果还有必要，可根据被粘附成分的功能类型，或虚成分本身的语义类型继续区分下去。具体可展示如图1：

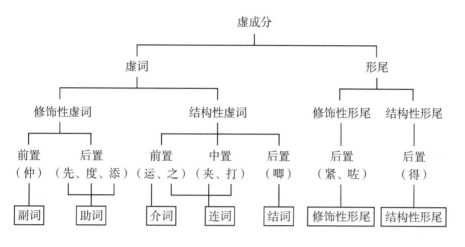

图 1 虚成分分类示意

先生关于广州方言虚成分的分类，与传统虚词的划分相比有三处创新性区别："先"类后置副词归入助词；"紧""咗""得"类从助词中分出，另立为"形尾"类；把结构助词中"嘅"类从助词中划出，另立为"结词"类。

把后置副词归入助词或修饰性形尾，把结词从助词中分出。如此，助词和副词同为修饰性成分，作用类似，只是区分了位置的前后；结词性质得以澄清，与介词、连词作用相似，但分工不同且位置后置。

区分形尾与虚词只是在研究其分布规则和语义指向时有用，论表达上的作用，虚词和形尾常常是一种"合作"的关系：修饰性形尾和助词分工而互相补充，共同作为后修饰的手段；结构性形尾与结词也分工且互相补充，共同作为一种表达结构意义的手段。

凸显了广州方言虚成分系统最显著的特点，即其丰富的后置性虚成分——助词和修饰性形尾，形成重要的后修饰表达方式；确认了广州方言和其他汉语方言的相同点：大量的副词形成另一重要的前修饰表达方式。前后两种修饰性虚成分旗鼓相当，意义分工上经常互相对应，也并非广州话所特有，如所有的汉语方言都有语气副词和语气助词，常常前后呼应地使用。只不过在别的方言里，这种现象是零星的甚或偶见的，而在广州话里却构成了系统上的特色。

先生关于广州方言虚成分的分类，语言事实观察客观、细致，描写精准，在方法论、系统观、理论创新方面实现了创造性突破。

三、湘、赣方言的虚词

先生对汉语方言事实的观察细致入微，站在系统高度开展的理论探究鞭辟入里、别开洞天,关于广州、闽南方言虚成分的研究尤其富于创新,站得高、看得远、悟得透。多年来,同学们对其学问常有"仰之弥高,钻之弥坚,瞻之在前,忽焉在后"之慨。受先生学术研究的影响,寻着先生的脚步,笔者在博士学位论文及之后的学术研究中,对湖南湘语、赣语、湘赣混合语中的虚词做了系列研究。

以专著《湘西南洞口老湘语虚词研究》为例,著作全面、系统地描写和分析洞口方言娄邵片老湘语的四类虚词——助词、副词、连词、介词。

系统研究后发现:洞口老湘语虚词语法意义和语法形式的对应关系复杂,同一个语法形式可以表达多种不同的语法意义,同一个语法意义又由多个不同的语法形式来表达,该现象从助词、副词到介词频频出现;由结构或短语凝固而来的虚词比较丰富;由于特殊的地理位置,有些语言特色与周边方言具有类型上的一致性或相似性,但往往又力图突破,形成自己的特色。

专题研究共五个:助词"得"及相关问题,讨论分析了"得"作能性助词、结构助词、完成体助词和语气助词时的语义、语法结构特征,归纳并探讨了其虚化来源;否定副词"没"和"冇",主要分析了它们在不同语气类型句子中的分布特征,并就"冇"做了语源探讨;与介引动作受物者的九个介词;与介引动作受事者的十个介词;与介引动作施事者的七个介词。通过专题研究进一步验证了下述观点:洞口方言语法上有自身的特点,且成体系,由于语言发展过程的不同,其中有不少语言现象是古汉语的直接遗留,与普通话多有不同,但与其他周边方言有时候具有类型上的一致性;语言接触和居民来源复杂等都是语言的外力因素,它的发展演变最终受语言内部各规律的管约。

以博士后出站报告《湖南平江湘赣方言的介词比较研究》为例,研究调查了平江县四个方言片13个方言点的介词系统并就其个体介词做了比较:对外,在与普通话介词相比较的基础上,考察了平江湘赣语介词的总体特征;对内,比较了各片各点介词的区域特征,以此为基础,探讨了其介词的融合特征与历史层次特征。研究得出以下四点结论。

1) 平江湘赣语的介词语义语法功能繁复,同义现象丰富,同义连用突出,介词后附有形式标志,给予类介词有语序分工,同义介词多区分频率高低,同义介词有普方层次,同一个介词可区分不同的语音形式,体现出丰富多样性。

2) 介词主要有三种来源,即古音古词遗留、自身创新、语言接触,体现了介词的多元性。语音上,涉及上古晚期的语音现象较少,大多数语音现象发生于中唐安史之乱之后,此后历经唐宋元,直至明朝甚至当下,体现出多层次性。语言接触是其多样多元多层的基本动因。

3) 介词的体标志、给予义介词的句法位置、同义介词的地理分布有明显的区域特征。非语言因素如历史移民、山川地理位置、政治经济文化地位,对介词区域特征的形成与发展产生了不可忽视甚至举足轻重的作用。

4）集中于一个地区尤其是方言交融复杂的地区作介词的比较研究，容易弄清楚其语音层次、语义基础、语法演变趋向，能较好地促进语法化研究的深入发展。

再以国家社会科学规划课题"语言接触视域中湘北湘、赣语介词比较研究"为例，课题以湘北13个县市44个方言点的田野调查为基础。共时平面上，将湘北湘、赣语与普通话进行充分对比，湘、赣语内部进行大量比较；历时角度，追踪了介词的可能来源与演变规律。研究表明，在语言接触视域中，湘北湘、赣语的介词呈现出下述特点。

1）介词功能繁复、同义介词繁多（多形成同义群）、语音变体丰富：该特征以混合区为中心向外扩散，越远离混合区，介词的功能越简单，同义介词的数量越少，具语音变体的介词也越少。如介引接受者的介词，常兼具处置、被动、工具等语义功能；数量上，多数方言有10～12个，各介词亦常有语音变体。

2）同义群中，介词的数量常有区域特征，特征介词在区域间时有交错。如，处置义、被动义、时空义三类介词的数量，湘东北分别为稀少、繁多、相对较少；介词的使用频率、能产性各不相同，来源多元，同义连用丰富，区域类型特征显著。如双音节被动义介词，常有"把得""尽落""落等"等十来个；介词的语法演变途径、语法化程度、与某些介词相关的句法分工及句式选择，常有区域类型特征。如尽管被动义介词数量众多，带介词被动句式的使用频率却不是很高，多偏向使用不带介词的同义句式，如何选择，各有区域特征。

3）集中于一个地区尤其是方言交融复杂的地区做介词的比较研究，容易析本源探本字，厘清介词的语音层次、语义基础、语法演变趋向，有利于揭示语言接触和方言接触对湘北湘、赣语演变的影响，促进语言接触和方言接触理论研究的进一步发展，对汉语方言语法研究、方言地理学、汉语史研究、汉语语法理论研究能起到很好的推动作用。

四、结语

先生从系统论角度就广州方言虚成分展开的田野调查、语言描写与分析、理论阐释与思辨，大大推进了方言虚词的田野调查力度与理论思辨高度、扩展了研究视界。之后，《闽南方言的持续体貌》（2013）、《闽南方言表实现体貌的"了"》（2014）、《粤语肯定否定词的比较研究及成因探讨》（2016）、《闽南方言语法比较研究》（2023），等等，探讨了个别虚成分、个别方言虚成分的类、跨区方言虚成分的特征、分类与接触，进一步提升了系统论角度语言事实的客观分析与理论探究。

后来，其他方言陆续有虚词研究的佳作，但方言虚成分的形尾及具体方言的虚成分体系建构鲜少力作，笔者关于湖南西南部、东北部、北部乃至东部虚成分的地毯式追踪发现，广州方言后置性虚成分丰富且成系统特色，邻近的湘赣语、西南官话等，后置性虚成分零散不成系统，进一步肯定了系统论高度开展方言研究的重要性与科学性。

参考文献

陈山青　2012《湖南汨罗方言的将实现体助词"去"》，《中国语文》第3期。
陈山青　2015《湖南汨罗方言的话题标记助词"硬"及其语法化来源》，《中国语文》第1期。
陈山青　2014《汨罗湘语中的虚成分"里""俚""哩"》，《湖南工业大学学报（社会科学版）》第6期。
陈淑梅　2005《鄂东方言"把得"被动句》，《湖北师范学院学报（哲学社会科学版）》第4期。
陈卫强　2011《广东从化粤方言表方式的后置虚成分"取"》，《中国语文》第5期。
陈卫强　2013《粤语与壮语中的"V+'要'义虚成分"格式》，《邵阳学院学报（社会科学版）》第2期。
胡云晚　2007《洞口方言的介词"把₁"、"乞₁"和"把乞₁"》，《云梦学刊》第4期。
胡云晚　2007《洞口方言的介词"帮₁"、"等₁"、"跟₁"、"替₁"和"捉₁"》，《韶关学院学报》第5期。
胡云晚　2005《洞口方言非能性"得"字研究》，《山西大学学报（哲学社会科学版）》第2期。
胡云晚　2005《洞口方言能性"得"字研究》，《南昌大学学报（人文社会科学版）》第3期。
李小华　2014《永定客家方言介词"在"与"到"》，《客家文博》第2期。
林华勇　2007《广东廉江方言语气助词的功能和类别》，《方言》第4期。
林华勇　2015《广东廉江粤语的传信语气助词》，《语言科学》第4期。
林华勇　2015《广东廉江粤语句末疑问语调与语气助词的叠加关系》，《方言》第1期。
林华勇　2014《廉江粤语"头先"和"正"多功能性的来源》，《中国语文》第4期。
林华勇　2021《粤语的持续体貌系统》，《方言》第4期。
刘翠香、施其生　2004《山东栖霞方言相当于普通话"了"的虚成分》，《语文研究》第2期。
龙翔　2012《衡山方言的虚成分"是咯"》，《长江大学学报（社会科学版）》第8期。
乔全生　1998《从洪洞方言看唐宋以来助词"着"的性质》，《方言》第2期。
乔全生　1996《试论北京话、晋南话对唐以来助词"着"的类化作用》，《语文研究》第2期。
盛益民　2010《绍兴柯桥话多功能虚词"作"的语义演变——兼论太湖片吴语受益者标记来源的三种类型》，《语言科学》第2期。
盛益民　2018《从特殊音变看宁波话传教士文献中多功能虚词"等"的来源——兼论苏沪、宁波方言多功能虚词"搭"的非同一性》，《语文研究》第4期。
汪国胜　1999《湖北方言的"在"和"在里"》，《方言》第2期。
汪国胜　2021《湖南祁东方言的先事助词"着"和"才"》，《语文研究》第1期。
汪国胜　2013《开封方言表示可能的"得"和"得能"》，《语言研究》第4期。
汪国胜　1998《可能式"得"字句的句法不对称现象》，《语言研究》第1期。
辛永芬　2004《浚县方言中"在"的语音形式、意义和用法研究》，《河南教育学院学报（哲学社会科学版）》第 5 期。
辛永芬　2013《豫北浚县方言句末语气词"不咋"》,《语文研究》第 3 期。
邢向东　1997《陕北神木话的助词"着"》,《中国语文》第 4 期。
邢向东　2001《陕北神木话的助词"得"》,《中国语文》第 5 期。
邢向东　2006《陕北晋语语法比较研究》, 商务印书馆。
张超、林华勇　2021《西南官话"法"的虚成分用法及其语义演变路径》,《重庆师范大学学报（社会科学版）》第 4 期。
张占山、李如龙　2007《虚化的终极: 合音——以烟台方言若干虚成分合音为例》,《鲁东大学学报（哲学社会科学版）》第 2 期。

"词组形态"观、"同质兼并"机制及其对理论语言学的启示

林华勇

有一千个读者,就有一千个哈姆雷特。对学术观点的理解也会如此,在不曲解作者原意的前提下,个人对学术观点的不同理解可能会对学术有促进作用。题目中的"词组形态"观和"同质兼并"机制,实际上是对两种学术观念或观点的主观概括,概括、归纳这一行为本身,就已经体现了对学术观点的不同理解。

本着这种开放的、不求全责备的心态,笔者主要重读了施其生先生的两篇文章《汉语方言中词组的"形态"》(2011)、《汉语方言中语言成分的同质兼并》(2009)。前者简称《形态》,后者简称《兼并》。我们认为,施先生提出的"词组形态"观和"同质兼并"机制,从汉语方言事实出发,对理论语言学有所贡献,对语言尤其是汉语方言事实和规律的描写和挖掘有重要启发。

本文从以下几个部分加以讨论:①"词组形态"观与"同质兼并"机制;②"词组形态"观和"同质兼并"机制的实践与应用;③"词组形态"观和"同质兼并"机制对理论语言学的贡献。

一、"词组形态"观与"同质兼并"机制

(一)"词组形态"观

除了《形态》外,本节还参考了施先生的《论汕头方言中的"重叠"》(1997)。这两篇文章都发表于《语言研究》杂志,具有明显的理论性倾向——虽然方言语法的论文多讨论方言事实,即便是在阐明理论观点的时候。这其实体现了语言学界传统的务实作风——事实联系理论:不排斥理论,但要基于事实进行思辨,若理论解释不通,该理论就要根据事实继续修改、完善。

先看《论汕头方言中的"重叠"》一文(简称《重叠》)。该文立足汕头方言,对 14 种不同基式的重叠式进行考察,包括原文的"6. 偏正式名词短语的重叠""7. 数量短语的重叠""10. 动词短语的重叠""14. 动补式的重叠"这四种短语重叠式。通过描写与比较,施先生指出,汕头话"重叠"功能占压倒优势的是"状态形容词化";大多数重叠式有着"惊人的共性":都用于描写某种情状,大多

伴随"程度"的语义。并指出"重叠"的附加对象主要是词,但也包括词素和短语;可以构词,也可以构形;构形不光是构词之形。正如作者在文中所言:"印欧语语法中的词法和句法之间、词法里的构词和构形之间的界限在这里似乎不起作用,不管基式是词还是词素、短语;不管基式是什么功能类型(名词性、动词性、性质形容词性)的,加入'重叠'大多可以成为一个和状态形容词性质相近的语言成分。"施先生从方言出发,对其重叠现象进行描写,并最后得到了汉语的形态有别于印欧语的认识。

《形态》一文也是如此,立足汉语方言事实,并进一步提出"词与词组,词与词素的界限常常被打破是汉语的一个特点,不承认这个特点,会对汉语语法的分析造成某些局限"。该文把词组的形态分为词组的附加形态、词组的儿化形态、词组的重叠形态,还有以上三种形态综合使用的词组的复合形态。

词组的附加形态,比如汕头、屯昌闽方言以及廉江粤方言的数量词后的小称形式"团"。仅举原文一例汕头方言的例子:

(1) 只<u>两斤团</u>酒,就想爱灌醉阮五人?(才这么两斤酒,就想灌醉我们五个人?)

施先生还举了汕头话表方式的"法"、广州话后置的"嘅"("滚水烙脚嘅走咗")、"度[tou³⁵]"用于表约数("三百几人度")等作为词组等附加形态的用例。

词组的儿化形态用例,施先生主要列举了浚县方言的例子,如:

(2) a. 这条河<u>三米深儿</u>。(这条河才三米深。)
    b. 她嘞腰<u>恁们粗儿</u>。(她的腰才那么粗。)
    c. <u>巴掌大儿一片儿个地张儿</u>够弄啥呀?(巴掌大一小片儿地方够干什么呀?)

词组的重叠形态,施先生列举了汕头、屯昌闽方言和廉江粤方言的词组重叠式,以及汕头闽方言、杭州吴方言、南京官话的动补结构重叠式等为例。下面仅举汕头闽方言的动补结构重叠式为例:

(3) 丛花分伊<u>熏熏死</u>去了。(那棵花给熏死了。)

综合使用以上形态的"词组的复合形态",施先生举了山东沂水官话作为例子。下面仅引一例:

(4) 一把儿把儿韭菜，包不着饺子。（就那么一把韭菜，没法包饺子。）

施先生认为，和"一把"比较，"一把儿把儿"多了"数量少"和"喜爱/亲昵"的语义，这些意义和"韭菜有多大把"没关系，所增添的语义是对整个数量词组"一把"而言的，而非对量词而言。除了"一把"的重叠外，"儿"还附加在"一把"这个数量词上，因而是使用了综合手段。

施先生指出，"词组'形态'的存在，究其原因，在于汉语中词和词组之间的界限不是很清楚，其实，汉语里，不独词和词组之间的界线不清楚，词和词素的界限也常常是被打破的"。接下来，施先生举了广州话的"鬼"和汕头话看似人称代词"领格"的"□ [uã³³]""□ [niã³³]"为例，说明它们的使用打破了单纯词（词素）、复合词和词组的界限：

(5) 论（鬼）尽（单纯词中）　　　得（鬼）闲（复合词中）
　　怕（鬼）咗（"动 – 词尾"中）　好（鬼）白厌（用于词组中）

汕头话的"□ [uã³³]""□ [niã³³]"则是分别由复数第一、第二人称代词"阮""恁"和后面称谓词的"阿"合音而成。在这两个词的形成过程（跨层合音）中，我们看到词与词、词与词素的界限完全被忽略。

无论是广州话"鬼"的使用，还是汕头话两个"领格"成分的合音机制，都体现出汉语韵律的重要性，韵律往往起到了打破语义和语法（词法和句法）组合边界/界限的作用。

施先生的"词组形态"观至少有以下意义，我们干脆直接引用施先生的原话进行说明：

1）词与语素、词与词组两头的界限没有印欧语清楚，这是汉语的一个特点，一个需要我们不囿于印欧语语法的成见才能正视的特点。

2）更重要的是，否认汉语的词组可以有形态，会给我们的研究眼光造成种种局限。有时我们不得不把某些语法形式的本质联系生硬割断，例如因为不承认词组有体貌而把普通话里同源、同形、语法意义有共性的"了$_1$"和"了$_2$"分别看成"体貌助词"和"语气助词"。

（二）"同质兼并"机制

"同质兼并"是施先生归纳出来的一种演变机制。最著名的"同质兼并"现象，要数朱德熙先生在《语法讲义》（1982：133、210）中提到的句子"他笑了"（他刚才笑了）中的"了"，以及"吃得"的"得"。朱先生认为，"笑了"实际上是"笑了了"；"说得"（能说）应该分析为"说得得"。也就是说，"了"实际上是"了$_{1+2}$","得"为助词"得"加上充当补语的动词"得"。《语法讲义》中的两个例子,施先生都认为属于"同质兼并"机制中的"同质语音兼并"。

《兼并》一文开宗明义,认为同质兼并指的是"演变过程中两个语言成分因同质而发生兼并,成为一个语言成分。这里说的'语言成分',可以是语音层面上的一个音节,也可以是语义层面上一个单纯的或复合的语义要素"。施先生把"同质兼并"一分为二:"同质语音兼并"和"同质语义兼并"。

同质语音兼并,指"两个语音成分因同质而兼并为一个成分,原先的两个语音形式所代表的语义不合并,仍保留两个语义成分"。施先生认为"所谓同质,多为同音,也可有轻声非轻声等非本质的不同"。

同质语义兼并比同质语音兼并要复杂,是"两个语义成分因同质而兼并为一个,其载体(语音形式)仍保留两个语音成分(可以是两个音节,也可以是其合音)"。施先生进一步从语义成分同质的角度,认为存在"同一的同义兼并"和"非同一的同义的兼并"之分;若从语义成分大小的角度,则有"单纯同义成分的兼并"和"复合同义成分的兼并"之别。

同一的同义兼并的例子,如北京话的"没有"。"没"本来就是"否定+有"两个语素的组合,还要在其后加"有",即"[否定+有]+有",仍然表示"没有"的意思。还举了河南宜阳的人称代词"咱们""俺们"等例子,"咱""俺"已经是复数了,再加上"复数"的后缀"们"。

非同一的同义的兼并,只要语义特征相同,同质不一定"同一",也可以发生兼并。例如广州话的"未曾"。"未"是对已然的否定,本来是"单纯否定+已然","曾"表"曾然","未曾"则表"否定+已然",不是"否定+曾然"。"未"和"曾"的语义同质,但不同一(完全相同)。

复合同义成分的兼并,为两个复合的语义成分发生兼并,例如河南浚县方言的"没冇"(没)。浚县方言表示"无"有三种形式,如"俺没钱=俺冇钱=俺没冇钱"(我没钱)。"没""冇"本身都分别表达了"否定+有"的语义,"没冇"为两个复合同义成分的兼并。单纯同义成分的兼并为两个单纯的同义成分发生兼并,不再举例。

《兼并》一文还对同质兼并与"省略""删略""转义""偏义"等进行了区分。当然,还存在一些问题值得思考。比如,是否存在本来读音相同,语义也相同,但由于演变的关系两者功能逐渐发生差异,读音也发生了差异化的情况?答案是肯定的。根据张洪年(2017),早期粤语远指代词"嗰"由量词"个"演变而来,"咁""噉"本来同源。但它们的演变结果,并非语音音节上的增加,也非语义上发生了组合,而是形式和意义之间的对应。

二、"词组形态"观和"同质兼并"机制的实践与应用

(一)"词组形态"观的实践与应用

我们曾经对廉江方言的两种短语重叠式进行了描述和解释,二者分别与汕头方言的第6种"偏正式名词短语的重叠"和第10种"动词短语的重叠"相类,进一步支持了施先生的观点。以下根据林华勇(2011)对此进行简要介绍。

1. 短语重叠式及重叠的考察

廉江粤方言的动词短语重叠式可以表示三种意义:"事件处于临界发生的状态""把状态往轻里说""动作行为的持续/进行"。分别举一例:

(6) 天好似<u>想出热头想出热头</u>嗷做倒。(天好像要出太阳似的。)

(7) 我<u>想去想去</u>嗷做倒。(我有点儿想去。)

(8) <u>淋花淋花</u>嗰只人系我阿哥。(正浇花的那个人是我哥哥。)

这三种动词短语重叠式在语义上存在共性。"事件处于临界发生的状态""往轻里说的状态""动作行为的持续/进行"三种语义,都可概括为对某特定状态的描述——"描摹"功能。基式仅表示一般状态或动作行为,但并未能表示特定的状态的描述。从一般的状态或行为到对特定某一状态,实际上就是认知上的"有界"的实现过程,这一过程可概括为"有界化"。有界化实际上就是施先生《重叠》一文的"状态(形容词)化"。

除了动词短语的重叠之外,廉江方言还存在方位短语即名词短语的重叠现象。例如:

(9) 呔[nu^{55}]间屋走<u>铁路边铁路边</u>呢[nei^{55}]。(那间房子在靠近铁路边那儿。)

(10) <u>最前最前</u>嗰几日好紧张。(最靠前的几天很紧张。)

前一句名词短语的重叠式意义为"靠近某处",后一句重叠式的意义为"靠近某时",都是"靠近/接近"的意思,实际上也可以归入"有界化"。

为了验证重叠式"有界化"的概括是否有效,我们采取了"有界/无界的匹配原则"(沈家煊,1995、2004)进行验证。根据沈先生的意见,有界/无界的匹配原则为:"动作有界,受动作支配的事物相应地也按有界识解;动作无界,受动作支配的事物相应地也按无界识解。反之亦然。"验证的过程请见林华勇(2011),

此处不表。

短语重叠式其实在普通话中也是常见的，比如数量（名）短语重叠式，表示"逐次"，只是我们习焉不察罢了。例如：

（11）饭要<u>一口一口</u>吃，别噎着。
（12）<u>一个字一个字</u>地慢慢写，不着急。

不管是"状态化""有界化"还是"逐次"，都是一种描摹。也就是说，不管是词的重叠式、词素的重叠式（"绿油油"的"油油"），还是词组/短语的重叠式，应该都存在一个共同的意义，这个共同的意义就是"重叠"这一语法手段的意义。因此，考虑"形态"的意义时，既要把词素、词以及词组的"形态"的意义都考虑进来，这一"形态"的意义就是超越了词法和句法两个层面的。

因此，应该区分"重叠"和"重叠式"，重叠是一般的，重叠式是具体的，两者类似于"型"（type）和"例"（token）的关系。于是我们（林华勇、邓秋玲，2019）对相对集中的粤西区域的粤方言的重叠式做了一个考察，考察的结果是，"重叠"的基本意义是两个——"状态化"和"量化"。张敏（2001）提出"类同物复现"这一高层概念模式用以概括和解释重叠式的意义，认为重叠引入的是抽象的量模式。除了量化（增或减）之外，状态化是更为基础的意义。

2. 小称形式的考察

《形态》一文对附着于短语/词组的小称形式多有考察。我们（林华勇、卢妙丹，2016）曾对粤西地区粤方言的小称形式和意义进行过描述。粤西粤方言的小称范畴特别发达，存在不少附着于短语之后小称形式。例如高州粤方言存在以下说法：①

（13）咁多［kɐm³³ tɔ⁵⁵⁻tɔn⁴⁶］：～，有多啊（才这么点儿，不算多。有"嫌少"之意）｜咁深［kɐm³³ sɐm⁵⁵⁻⁴⁶］（才这么深）｜咁短［kɐm³³ tyn³⁵⁻⁴⁶］（才这么短）｜好高［hou³⁵ kou⁵⁵⁻⁴⁶］（挺高的）｜好矮［hou³⁵ ai³⁵⁻⁴⁶］（挺矮的）

以上高州的小称变音只出现形容词上，但根据语义，应该视为整个形容词性短语/词组的小称形式。再如：

（14）阳江：两个仔（才两个）
高州：三斤［kɐn⁵⁵⁻⁴⁶］米（才三斤米）｜好高［kou⁵⁵⁻⁴⁶］（挺高的）

---

① "-"后是变音的语音形式。

吴川：一百米［mɐi⁵⁵⁻⁴⁴⁶］（才一百米）｜好高［kuɔu⁵⁵－kuɔun⁴⁴⁶］（挺高的）

廉江：三斤仔（才三斤）｜好高仔（挺高的）

阳江、廉江都使用附加的形式"仔"，而高州、吴川都使用变音形式。不管是变音形式还是附加形式，都应视为附着于"三斤"等数量短语或者"好高"这一形容词性短语之后，而且它们与附着在词后的"仔"或小称变音，其功能都是一致的。

以上附着于词组/短语之后的附加形式、变音或者重叠形式，都可以附着于词之后，都是跨越词法和句法的语法手段。"词组形态"观为我们提供了一个较为简明的处理方案——万变不离其宗，不能因为跨越了词法和句法两个层面，就看成两个不同的形式，相反，该成分应视为具有某种共性的形式。

（二）"同质兼并"机制的实践与应用

同质兼并机制是语言演变的一种常见机制。我们（林华勇、李敏盈，2019）在讨论粤方言的"佢"字处置句时，便注意到了同质兼并所起的作用。廉江方言可以说：

(15) 廉江：a. 食了饭（嘚）佢₂。（把吃完饭了。）
　　　　　　b. （饭）食了佢₁（嘚）佢₂。（饭把它吃完了。）
　　　　　　c. （饭）食了（嘚）佢₂。（饭把它吃完了。）
　　　　　　d. （饭）食了佢₁₊₂。（把饭吃完。）

廉江方言实际上存在两个"佢"："佢₁"为第三人称代词，"佢₂"为主观处置标记。前者位于"嘚"（了₂）前，如b中的"佢₁"；后者位于"嘚"（了₂）之后，如a、b及c中的"佢₂"。a、b、c中的"嘚"（了₂）可以删去，删去后之后，b句的"佢₁""佢₂"就相邻，由于同质兼并的关系，两个"佢"由于同音的关系，同质兼并变成了一个"佢"，导致d可以两解："佢₁"为代词，指向话题的"饭"；"佢₂"为主观处置标记。但当"佢"成为主观处置标记时，很难把"佢"的代词用法摘除干净，即可理解为"佢₁₊₂"。这也是学界把它看成"复指型处置句"的原因。

廉江方言没有介词"将"等，不像广州话，还存在"将……佢"共现使用的情况。通过廉江方言的"佢"字处置句，得到了处置标记"佢"源自第三人称代词"佢"语法化的观点。"同质兼并"便是其演变的机制。

此外，用"同质兼并"机制还可以解释为何广州方言的句末言说性助词不能共现，而廉江方言的却可以同现。（具体见林华勇、李敏盈，2017）例如：

(16) 廉江：好食呙^{33}讲（哇^{33}）。（听说有人说好吃。）
　　　广州：a. 好味呙^{33}（*呙^{23}）。（提醒：味道不错。）
　　　　　　b. 好味呙^{23}。（听说味道不错。）
　　　　　　c. 好味呙^{21}！（味道居然不错！）

廉江方言表"转而述之"的"讲"可以与表示提醒的"呙^{33}"连用，甚至后面还可以加上表直述的"哇"三者连用。但广州方言不同功能的"呙^{33}"（表"提醒"）、"呙^{23}"（表"转述"）、"呙^{21}"（表"意外"）只能单独出现，这里面可能受制于"同质兼并"机制——它们语义上虽不矛盾，但读音上相近（仅表现为音高不同），即便能共现，也会发生同质兼并。廉江方言不同，"呙""讲""哇"三者语音大不相同，不会发生同质语音兼并现象。

三、"词组形态"观念和"同质兼并"机制对理论语言学的贡献

施先生的《重叠》《形态》和《兼并》等文章，理论性都很强，属于新设立的二级学科"理论语言学"的经典之作。为什么这么说呢？我们先看官方对"中国语言文学"下的二级学科"理论语言学"专业的介绍：

> 本学科以探索人类语言普遍规律为目的，立足于中国境内的语言和方言，用语言学一般原则研究中国语言事实，并用中文研究中所获得的独特发现，丰富和修正普通语言学规律，为思维科学、认知科学和文化研究奠定基础。理论语言学关注语言的发生、获得、发展、变异等，在语言的结构分析、历史比较、功能解释等方面构建方法体系，揭示语言的人文属性、认知属性和生理属性等方面的特点……［见《研究生教育学科专业简介及其学位基本要求》（试行版）］

本文所谈及的"词组形态"观及"同质兼并"机制，正是"理论语言学"的任务之一——"用中文研究中所获得的独特发现，丰富和修正了普通语言学规律"。具体地说，"同质兼并"机制本身就是一条语言演变的规律，是由多种汉语方言演变的事实做出的归纳；而"词组形态"观则为简明处理有关跨越词法和句法层面的形式问题提供了简明化处理的思路，而简明化处理增强了解释力。本文所

提到的"词组形态"观及"同质兼并"机制，给今后理论语言学专业的建设带来了重要启示——立足汉语（"普—方—古"）事实，联系有关理论方法，可以为合理解释有关语言事实或普遍语言学理论做出贡献。

四、其他观念或观点

施先生除了提出"词与词组、词与词素的界限常常被打破是汉语的一个特点"之外，还提出了一系列有价值的虚成分分类系统、语义语法范畴及解释模式等。可马上想到的有以下几条：

1）"使然-非使然"范畴（施其生，1984、2006等）；

2）广州方言虚成分的分类系统。提出广州方言前置性虚成分（副词）和后置性虚成分呈现出意义或功能上"一前一后"对称分布的特点（施其生，1995）；

3）广州话指示三分系统（施其生，1996）；

4）连续变调动态运行模式（施其生，2011）；

5）持续范畴的三分系统（施其生，2013）。

以上范畴、系统及模式，思辨性、理论性强，无一不是在对方言事实描写的基础上建立起来的，经得起反复推敲，结论往往发人深省。虽是对一种或某些方言事实的归纳，但归纳出的范畴或模式，往往可推而广之，均具有一定的"推广度"。

我们发表的方言相关论文，大多受到施先生以上学术观点、思路的影响。施先生闽语、粤语都精，音韵、语法都通，是方言学著名专家。施先生的写作特点是严密、严谨，特别讲究逻辑性，层层推进，有一种力量感。我的本科、硕士生导师是马庆株先生。当马先生得知我想回到广东跟随施先生学习方言语法后，他表示出了极大的支持。他曾与施先生彻夜长谈，觉得施先生思维缜密、学问高深。得遇两位良师，此生大幸矣！只是我较为愚钝，还时不时有"忙里偷闲"的想法，关键是境界尚不够高，学问未及两位先生之一二。感恩、惭愧之余，也只能当好人梯，寄希望于未来的主人翁了。

参考文献

林华勇　2011《廉江粤语的两种短语重叠式》，《中国语文》第4期。

林华勇、李敏盈　2017《转述与直述——粤语言说性语气助词的功能分化》，《语法化与语法研究（八）》，商务印书馆。

林华勇、李敏盈　2019《从廉江方言看粤语"佢"字处置句》，《中国语文》第1期。

林华勇、邓秋玲　2019《粤西粤方言重叠式的形式和意义》，《澳门语言文化研究（2019）》，澳门理工学院。

林华勇、卢妙丹　2016《粤西粤语小称的形式和功能》，《中国语言学报》（第17期），商务印书馆。
施其生　1984《汕头方言的持续情貌》,《中山大学学报》第 3 期。
施其生　1995《论广州方言虚成分的分类》,《语言研究》第 1 期。
施其生　1996《广州方言的"量+名"组合》,《方言》第 2 期。
施先生　1997《论汕头方言中的"重叠"》,《语言研究》第 1 期。
施其生　2006《汉语方言里的"使然"与"非使然"》,《中国语文》第 4 期。
施其生　2009《汉语方言中语言成分的同质兼并》,《语言研究》第 2 期。
施其生　2011《汉语方言中词组的"形态"》,《语言研究》第 1 期。
施其生　2013《闽南方言的持续体貌》,《方言》第 4 期。
张洪年　2017《一切从语言开始》,香港中文大学。
朱德熙　1982《语法讲义》,商务印书馆。

汉语方言"使然－非使然"范畴的发现及影响

陈山青

导师施其生先生是著名方言学家,主要致力于汉语方言语法研究,在《中国语文》《方言》《语言研究》《语文研究》《语言科学》等权威期刊发表论文数十篇。"使然－非使然"是先生在汉语方言语法领域提出的重要范畴之一。先生在研究母语汕头话以及东南部汉语方言的持续貌和表所在/所从由介词(相当于普通话的"在/从")时发现其形式有两套,两套之间的语义存在"使然""非使然"之别,"非使然"形式表示"客观上如此","使然"形式表示"有某种因素使其如此"。例如,普通话"坐在床上"这句话,汕头话有两种说法,原因是用了"在"和"放/□ [na^{31}]"两套不同的介词(下文例句中的 F 表示"非使然"用法,S 表示"使然"用法):

(1) F. 坐<u>在</u>眠床顶块。(坐在床上。_{客观情况如此}①)
    S. 坐<u>□</u> [na^{31}]/<u>放</u>眠床顶块。(坐在床上。_{说话人要求如此})

例中 F 是一个陈述句,"在"表非使然,即"坐<u>在</u>眠床顶块"是对客观情况的描述。S 句是一个祈使句,"□ [na^{31}]/放"表使然,即"坐<u>□</u> [na^{31}]/<u>放</u>眠床顶块"是说话人对听话人所提出的要求。

先生共发表了七篇论文来对"使然－非使然"范畴进行阐释和讨论:《汕头方言的持续情貌》(1984)、《闽、吴方言持续貌形式的共同特点》(1985)、《汕头方言表示"在"的介词》(1996)、《汕头方言的体》(1996)、《汉语方言里的"使然"与"非使然"》(2006)、《闽南方言的持续体貌》(2013)、《汨罗湘语中的"使然"与"非使然"》(2018,与笔者合作)。这七篇文章反映了"使然－非使然"范畴从发现到确立再到产生影响的发展历程。

一、"使然－非使然"范畴的发现

说到施其生先生"使然－非使然"范畴的提出,这要追溯到 40 年以前,最初

---
① 译文后的小字为笔者所加。

使用的是"已然-使然"说法。早在20世纪80年代,先生在《汕头方言的持续情貌》(1984)一文中,以极其敏锐而深邃的眼光发现母语汕头方言持续情貌有"行为进行""状态持续""情况持续"三种情况,且存在"已然-使然"的对立:

> 汕头方言的持续情貌有两个特点值得注意:一、"行为进行"与"状态持续"在普通话及许多汉语方言中没有形式上的对立,在汕头方言中有形式上的对立。二、许多汉语方言的情貌是独立的,即不与"时(tesne)"的意义结合,也不与"式(mood)"的意义结合;汕头方言的持续情貌有"已然"和"使然"之分,"已然""使然"的区别类似"式"的区别,也就是说,情貌意义和式的意义是结合在一起的。

继而,先生对汕头话"已然""使然"情貌词的不同用法进行了探讨,并总结其对应规律:已然的行为进行,情貌词用"裸、短ˉ、短ˉ块"等;使然的行为进行,情貌词用"□[na^{31}]、放块、放"等,两者都对应普通话中的副词"在"。已然的状态持续,情貌词用"在、在块"等;使然的状态持续,情貌词用"□[na^{31}]、放块、放"等,两者都大致对应普通话中的助词"着"。已然的情况持续,情貌词用"在块、在底"等,大致对应普通话中的助词"呢"。

汕头话每一种情貌又可再细分为三种情形。下面以状态持续貌中表已然的"在块_着_"和表使然的"放块_着_"为例。

第一种:客观已然的情貌与说话人所要求的情貌。例如:

(2) F. 顶帽戴<u>在块</u>。(帽子戴着。_客观情况如此_)
    S. 顶帽戴<u>放块</u>!(帽子戴着!_说话人主观要求如此_)

第二种:客观已然的情貌与客观事理、情势所要求的情貌。例如:

(3) F. 东司支灯□[tʰaŋ]冥开<u>在块</u>。(厕所里那[这]盏灯整夜开着。_客观情况如此_)
    S. 东司支灯□[tʰaŋ]冥开<u>放块</u>。(厕所里那[这]盏灯得整夜开着。_客观情势要求如此_)

第三种:客观已然的情貌与施动者意志所使然的情貌。例如:

(4) F. 只猫做呢缚<u>在块</u>?(这只猫怎么拴着?_客观情况如此_)

S. 只猫做呢缚放块?（这只猫怎么拴着?① 施动者主观如此）

最后，先生总结了"已然""使然"的本质区别："已然"着眼于客观存在的情貌，"使然"着眼于有某种因素要求所产生的情貌。先生同时指出，"持续貌上分'已然''使然'，是潮汕方言有别于闽南方言其他支系的特点之一"。这一点，先生在《闽、吴方言持续貌形式的共同特点》（1985）一文中有相关论述。

先生《汕头方言的持续情貌》一文开创性地对汕头话"已然""使然"的对立进行了全面深入的考察，为"使然－非使然"范畴的确立奠定了基础。

1996年，先生又连发《汕头方言的体》和《汕头方言表示"在"的介词》两篇文章继续讨论"已然－使然"问题。前者运用大量实例对汕头话进行体、持续体形式"已然－使然"对立的三种情形进行了详细讨论。后者是对"使然－非使然"范畴的拓展之作，先生发现汕头方言介词"在"和"放/□［na³¹］"也存在"已然－使然"之别，这是先生又一重要发现：

"在"和"放/□［na³¹］"虽然都表示"处于某处所或时间"，但用"在"时是摆出一种客观情况（通常是已然的，也有个别是把未然当已然说），用"放/□［na³¹］"时总意味着这是由某种因素所使然的情况。

两者的区别具体表现为以下三种情形。

第一种：客观已然的处所或时间与说话人所要求的处所或时间。例如：

(5) F. 行李放在只块。（行李放在这里。客观情况如此）
　　S. 行李放□［na³¹］只块。（行李放在这里。说话人主观要求如此）

第二种：客观已然的处所或时间与客观事理、情势所要求的处所或时间。例如：

(6) F. 时间改在下个星期日。（下雨，时间改在下个星期天。客观情况如此）
　　S. 时间改□［na³¹］下个星期日。（下雨，时间改在下个星期天。客观情势要求如此）

第三种：客观已然的处所或时间与施动者意志所要求的处所或时间。例如：

---

① 为便于理解，此译句可加上省略的施动者：这只猫［你］怎么拴着？

(7) F. 两翁姐在街路块相骂。（两口子在街上吵架。客观情况如此）
　　S. 两翁姐□[na³¹]街路块相骂。（两口子在街上吵架。施动者主观如此）

至此，"使然－非使然"范畴的适用范围从持续情貌扩展到表所在的介词。

二、"使然－非使然"范畴的确立

先生是如何挖掘到持续体貌和表所在介词这两者"使然－非使然"的关联及其共性的呢？原来，先生发现存在"使然－非使然"对立的持续情貌形式是由"在/从"类介词结构虚化而来的。由此，先生厚积薄发，于2006年在《中国语文》又推出扛鼎之作《汉语方言里的"使然"与"非使然"》，将两者相提并论，系统阐释了"使然－非使然"范畴及其本质区别：

在某些汉语方言中，相当于普通话"在"（有的方言还有"从"）的介词有两个（或两套），意思不一样；在某些地方，如广东汕头、山东栖霞，这两套词还表所从（可译为普通话的"从"），表所从时两套词的意思也不一样；如果进行和状态持续体貌的形式是由这些词所构成的介词结构虚化而来的，所形成的两套持续貌形式意思也不一样。两套"在"或两套持续貌形式之间的语义差别，在于一套带有"使然"的语法意义，另一套没有。"非使然"的处所介词或持续貌标记，表示的"处于"义或"进行""状态持续"义是"客观上如此"的；"使然"的处所介词或持续貌标记，表示的"处于"义或"进行""状态持续"义是"有某种因素使其如此"的。所谓"有某种因素使其如此"，包括说话人使然、主客观可能性使然和施动者使然三种情况。

文章运用闽语汕头话，湘语洞口话，徽语黟县话、绩溪话，胶辽官话山东栖霞话等南北方言材料，充分论证了汉语方言表所在/从由的介词和表进行/状态持续体貌形式的"使然－非使然"之别，极具洞察力和解释力。

例如栖霞方言相当于普通话"在"的介词分两套，"待"表非使然，"跟（儿）/着儿"表使然，又具体分为三种情况：

第一种："非使然"与说话人"使然"。例如：

(8) F. 他今儿待家儿写作业，哪儿也没去。（他今天在家里写作业，哪里也没去。客观情况如此）
　　S. 你今儿着儿家儿写作业，哪儿都别去。（你今天在家里写作业，哪里都别去。说话人主观要求如此）

第二种:"非使然"与主客观可能性"使然"。例如:

(9) F. 他**待**家儿睡觉,徐浑家上街耍吧!(他在家里睡觉,你们上街去玩吧!_{客观情况如此})

S. 刘丽太累了,得**跟**儿家儿好性儿睡一觉。(刘丽太累了,需要在家里好好睡一觉。_{主客观情势要求如此})

第三种:"非使然"与施动者"使然"。例如:

(10) F. 这个小孩儿怎么**待**地下睡觉?(这个小孩儿怎么在地上睡觉?_{客观情况如此})

S. 这个小孩儿怎么**着**儿地下睡觉?(这个小孩儿怎么在地上睡觉?_{施动者主观如此})

文中还提到,除以上方言外,东北、湖北、四川等地的一些方言以及吴语里也有类似区别。这说明,汉语方言里的"使然-非使然"现象分布范围广,具有明显的类型学特征。

另外,该文还以无懈可击的逻辑对"使然-处置""使然-未然""使然-动向(趋向)""使然-动态""使然-作为语气的'祈使'""使然-作为'情态'的'客观情势要求'"的区别进行了精辟而透彻的讨论(这也是先生将"已然"改为"非使然"之由),从而确立了汉语方言"使然-非使然"这一新的语法范畴。

2013年,先生的国家社科基金项目阶段成果《闽南方言的持续体貌》在《方言》上刊发,该文以宽阔的视野、丰富的事实对福建、台湾、广东、海南四个地区11个闽方言点的"使然-非使然"现象进行了细致的描写和深入的探讨。

三、"使然-非使然"范畴的影响

汉语方言"使然-非使然"范畴的发现和确立,丰富了汉语语法范畴研究,加深了对汉语本质特征及其成因的认识。

历时四十载,施其生先生提出的"使然-非使然"范畴在学界产生了一定的影响,引发了诸多学者的关注。在迄今报道的成果中,已发现闽、湘、赣、徽语和江淮、胶辽、中原官话中均存在"使然-非使然"现象(刘翠香,2004、2007;张盛开,2009;郑焱霞,2010;郝红艳,2015;李倩、汪化云,2022;夏俐萍、周晨磊,2022),而且在揭阳方言中,除了处所介词、持续貌标记以外,表示状态的重叠式也存在"使然"与"非使然"之别（黄燕旋、姚琼姿，2024）。

深受先生"使然－非使然"范畴和写作思路的启发，笔者于2008年开始关注母语湖南汨罗话中的相关现象，2015年开始与先生合作撰写《汨罗湘语中的"使然"与"非使然"》一文，文章曾在第三届湘方言国际学术研讨会（湖南大学·长沙）上宣读，后经多次打磨投稿《方言》杂志，最终于2018年刊发。该文挖掘了汨罗湘语里表所在/所从由介词和持续体貌形式的"使然－非使然"对立现象，探讨了两者的语法化来源——其根源在于表所在的介词来源于两套不同的动词。继而，笔者发表《汨罗湘语的持续体标记及其语法化来源》（2022）一文，进一步讨论母语汨罗话持续体貌标记形式中的"使然－非使然"现象及其语法化过程。同时，在授课和指导研究生论文写作的过程中，注重引导他们关注"使然－非使然"现象，并发表了相关文章（赵练红，2024）。其中，特别值得一提的是，湘语中"使然－非使然"现象突出，除了邵阳洞口（胡云晚，2010）、汨罗、衡山、长沙、岳阳县方言（陈山青、施其生，2018）以外，后经笔者调查发现，还有衡南、祁阳、安化、浏阳湘语中的表现也较为典型。

例如，衡南湘语表从由的介词有两个/套，非使然的用"在[tsai²¹⁴]阳去"，使然的用"走[tso⁴⁴]上声/到[tɔ³¹²]阴去"，具体又各有三种情形①：

1. 表起点（表示来源及处所的起点）

第一种：非使然与说话人使然。例如：

(11) F. 渠在我简里拿哒钱去看病去哒。（他从我这里拿了钱去看病去了。客观情况如此）

S. 你走/到我简里拿钱去看病嚷。（你从我这里拿钱去看病啊。说话人主观要求如此）

第二种：非使然与主客观可能性使然。例如：

(12) F. 带箱子个下在简里进个。（带箱子的都从这儿进的。客观情况如此）

S. 带箱子个下走/到简里进。（带箱子的都从这儿进。主客观情势要求如此）

第三种：非使然与施动者使然。例如：

(13) F. 门开不开哒，渠在窗眼里爬进爬出个。［门开不了了，他（是）

---

① 下文衡南话材料由湘潭大学王小军博士提供。

从窗户格子里爬进爬出的。客观情况如此]

　　S. 有门不走，渠就总是走窗眼里爬进爬出。（有门不走，他就总是从窗户格子里爬进爬出。施动者主观如此）

2. 表经由（表示经过的路线、场所）

第一种：非使然与说话人使然。例如：

　　（14）F. 开车师傅九点钟在学堂门口过去哒。（司机九点钟从学校门口过去了。客观情况如此）

　　　　S. 要开车师傅九点钟走/到学堂门口过下唧。（要司机九点钟从学校门口过一下儿。说话人主观要求如此）

第二种：非使然与主客观可能性使然。例如：

　　（15）F. 箭在操坪里射过去个。（箭从操场射过去的。客观情况如此）

　　　　S. 箭要走操坪里射过去。（箭要从操场射过去。主观事理要求如此）

第三种：非使然与施动者使然。例如：

　　（16）F. 渠在阴洞里骑过来个。（他从隧道里骑过来的。客观情况如此）

　　　　S. 渠要走阴洞里骑过来唉。（他要从隧道里骑过来啊。施动者主观如此）

　　薪火相传，这也是对先生"使然－非使然"范畴的运用和传承吧。

参考文献

陈山青、施其生　2018《汨罗湘语中的"使然"与"非使然"》，《方言》第4期。
陈山青　2022《汨罗湘语的持续体标记及其语法化来源》，《湘潭大学学报（哲学社会科学版）》第1期。
郝红艳　2015《江苏沭阳方言的"待、搁、蹲"》，《方言》第2期。
胡云晚　2010《湘西南洞口老湘语虚词研究》，江西人民出版社。
黄燕旋、姚琼姿　2024《揭阳方言状态表达的使然与非使然》，《汉语学报》第2期。
李倩、汪化云　2022《固始方言中介词的"使然"与"非使然"》，《黄冈师范学院学报》第4期。
刘翠香　2004《山东栖霞方言中表示处所/时间的介词》，《方言》第2期。
刘翠香　2007《山东栖霞方言的持续体貌》，《方言》第2期。
施其生　1984《汕头方言的持续情貌》，《中山大学学报》第3期。

施其生 1985/1996《闽、吴方言持续貌形式的共同特点》,《中山大学学报》第 4 期。
施其生 1996《汕头方言表示"在"的介词》,《中山大学学报》第 4 期。
施其生 1996《汕头方言的体》,载张双庆主编《动词的体》,香港中文大学中国文化研究所吴多泰中国语文研究中心。
施其生 2006《汉语方言里的"使然"与"非使然"》,《中国语文》第 4 期。
施其生 2013《闽南方言的持续体貌》,《方言》第 4 期。
夏俐萍、周晨磊 2022《汉语方言（非）现实情态的寄生与去寄生——以处所标记为例》,《当代语学》第 5 期。
张盛开 2009《关于平江城关方言的处所表现》,《湘语研究》（第一辑）,湖南师范大学出版社。
赵练红 2024《湖南双峰方言介词研究》,湘潭大学硕士学位论文。
郑焱霞 2010《湖南衡山方言表示时间/处所的介词"在"和"放"》,《方言》第 1 期。

施其生先生汉语方言语音研究和理论探索

金 健

施其生先生从事汉语方言研究是从 20 世纪 70 年代开始的,至今已近 50 年。先生研究方言,主攻语法,方言语法相关成果丰硕厚重。除语法外,先生也从未停止过方言语音的调查研究和理论问题的思考。从 2003 年到 2010 年,他带领我们克服万难,对福建的厦漳泉地区、整个粤东闽语区(包括雷州半岛、海南岛)的闽语进行了全面的语音、词汇、语法调查,但他真正拿出来发表的方言语音相关文章并不多。在闲聊中,他曾跟我说起他是因为朱德熙先生的关系,才把精力集中在方言语法的研究上,着力于从宏观上探究汉语语法的重要特点,寻求更为适合汉语方言语法特点的研究方法,构建汉语方言语法研究的理论框架,为此只好暂时把方言语音、词汇的研究先放在一边。

先生方言语音相关研究论文主要有《从口音的年龄差异看汕头音系及其形成》(1988)、《一项窥探调值混同过程的调查》(1989)、《广州方言元音音位再探讨》(1990)、《广州方言的介音》(1991)、《汕头方言连读变调的动态运行——兼论汉语方言连读变调的研究视角》(2011)。这五篇文章,多数发表在 20 世纪 80 年代末和 90 年代初,只有最后一篇发表在 2011 年。跟先生方言语法相关著述相比,先生方言语音相关著述不多,但在我看来篇篇精品,可以说每一篇文章都是在深入系统调查第一手材料的基础上,在理论上有所创新和突破,对后来的研究具有重要的指导意义,后续研究者若要进行相关问题研究,一定绕不开这几篇文章。下面分别从研究方法和理论观点谈谈我对施其生先生方言语音研究的认识以及我在实际研究中的运用。

一、方言研究的方法论探索

(一)综合社会语言学和方言田野调查的方法

先生是国内较早利用社会语言学方法对汉语方言语音问题展开研究的学者,且先生在对方言语音问题展开社会语言学研究时,相当重视人群中的语音变体,通过对共时层面不同年龄人群的语音变体进行考察,来发现语音演变的线索和轨迹。

1988 年,先生在《中山大学学报》上发表了论文《从口音的年龄差异看汕头音系及其形成》。20世纪60年代，广东省政府在制定广东主要方言拼音方案时，确定汕头话作为潮汕方言的代表方言。在此之前，一般认为潮州话是潮汕方言的代表方言。这是因为，汕头是新兴城市，成为潮汕地区中心城区的历史时间较短，且汕头地区绝大多数都由周边小县市迁入，这就使得当时不少人对汕头话是否存在"典型"口音，是否能成为潮汕方言的代表方言有了疑问。《从口音的年龄差异看汕头音系及其形成》解答了这个问题，得出确实存在一个独立的汕头话音系，这个音系"在1946年前后的那段时间里，已经形成并且作为规范存在"。这个结论来自运用社会语言学的方法进行语音测试及统计分析的结果，与百余年间人口变动情况相吻合，因此相当可靠。几十年过去，也得到了越来越多的验证。据说这篇文章曾得到吕叔湘先生的高度肯定，吕先生认为"这是一篇实实在在之作"。文章在调查了13个方言点的基础上，制定出13种测试表格，对市区不同年龄、不同语言背景的302个人进行了测试，并访问了7个三代同堂的家庭加以验证，还考察了两三百年来汕头市的地理变动及人口变化资料，最后写成的文章只有7000余字，堪称精品。

（二）"听者启动"的生动验证

1989年，先生在《语言研究》上发表了《一项窥探调值混同过程的调查》。这项研究，充分体现了先生重视变体和社会语言学调查的语音研究方法论。先生看到了汕头话的阳平前变调里存在22和31的变体，他没有把它们当作变体简单处理，而是深究下去，做了200多人的调查，发现这两个变体存在不同年龄层的分布规律，同一年龄层内部又还存在变体，又进一步从中看到了调类合并规律。文章指出，"两类调值的混同是从听觉开始，然后才及于发音"。这个发现，跟Ohala同时期提出的"听者启动"音变理论不谋而合。

我的研究方向主要是实验语音学，有了语图的帮忙，更容易发现语言当中的变体。我总是反复跟学生强调，不要轻视变体，变体往往是打开与语音历时音变相关理论问题的钥匙。我跟我的本科生洪妍在研究潮州话的喉塞音时，就是紧抓语流当中的变体不放，才发现了潮州话喉塞音的音变规律和演变方向，并形成论文在《方言》杂志发表。

（三）点面结合的方言语音研究

先生常跟我们反复强调，做方言语音研究，不能着眼于单点，一定要有面上思维，唯有点面结合，才能做出令人信服、经得起推敲的结论。

1990年，先生在《第二届国际粤方言研究会论文集》上发表了《广州方言元音音位再探讨》。在此之前几十年，学界对广州话元音系统都按八音位处理。先生从广州方言元音系统自身特点出发，并与广州周围郊区音做对比，提出"十一音位分析法"更符合广州话元音自身的系统特点,也更便于进行粤方言面上分析及历时音变的探讨。

从这篇文章可以看出,在思考广州话元音音位系统时,先生的研究视角不只是着眼于广州话本身。比如先生提出,假如按照传统八音位的处理方法,[i:] 跟 [ɪ] 同属/i/音位的变体,这个音位归纳结果在广州市区行得通,到广州郊区文冲就行不通了,因为在文冲"呢 [ɪ⁵⁵] ≠ 衣 [i⁵⁵]";若是用十一音位,[i:] 跟 [ɪ] 分属不同音位,[ɪ] 是/e/音位的变体,从广州市区到文冲的语音渐变链就能说得通,也方便做音位和音位变体比较。

1991年,先生在《方言》杂志发表了《广州方言的介音》。在此之前,学界多数认为没有介音是广州话音位系统的一大特色,包括施其生先生的老师黄家教先生也持此说。先生在探讨广州话介音问题时,没有把研究目光囿于广州市区内部,而是放到了广州近郊,通过从郊区到市区的语音渐变链条,看广州话介音的演变过程,再以粤语的双声叠韵词作为佐证,所得结论可信度相当高。先生在跟我们闲聊中谈起过这篇论文的写作和发表过程,他说:"这篇论文完成后,我拿给家教师看了,他看完后很鼓励我发表不同意见。"每每说起这段往事,先生言语间都是对家教师满满的敬意。

上述两篇论文看似讨论的都是广州方言的语音问题,但实际研究视角放到了广州郊区,通过跟郊区音形成语音渐变链,再反过来思考广州话元音系统和介音问题的处理方案。

先生点面结合的方言语音研究思想方法,对我影响很深。我跟我的研究生胡文琦在研究粤语后滑音问题时,就发现光看一两个点,看不清问题,若把视角放到更多的粤方言点上,很多问题就迎刃而解了。

二、先生对方言语音理论研究的贡献

先生一直注重对具体语音事实、对具体语音规律的分析描写,因此他在"汉语方言调查"课上对我们的国际音标发音、听辨训练要求极高。在阅读先生方言语音相关论著时会感到,先生的每一篇论文,总是将对具体语音事实、具体语音发展规律的描写同研究理论和方法相结合,因此也很有理论深度。先生在方言语音上也提出了不少新颖而有创造性的理论观点,概括起来有以下五个方面。

(一)揭示并阐明汕头方言连读变调动态运行的规律

2011年,先生在《中国语文》发表论文《汕头方言连读变调的动态运行——兼论汉语方言连读变调的研究视角》,这篇论文发表时先生已经从中大中文系退休,但有关这个问题的研究,我知道先生已经思考了几十年。闽吴方言的连读变调都以复杂繁难著称,主要是两种方言的连读变调的发生层面都不限于语音层,而是跟词汇、语法、语气、韵律纠缠在一起,很难厘清个中头绪。然而,不搞清楚这些问题,无论是语言田野调查,还是语音数据库的建立,语音标注、处理都会碰到很多疑难。先生通过几十年研究,把个中规律厘清实属不易。在这篇文章里,先生创造性地提出了连调组的概念,并把不同的连调组分成前变式、后变式、前后变式、全后变式。这种分类方法对我们研究像汕头话这样连读变调非常复杂的方言,比如吴语是很有借鉴意义的。汕头方言的连读变调之所以繁杂,是因为其连读变调不是只发生在语音层,而是多层面的。先生在这篇论文里把这个复杂的关系梳理清楚了,他指出:汕头方言连读变调的各层运行规律虽然有各自规律,但是实现在语流里,是动态运行的,在语流中通过覆盖、半覆盖、嵌入等方式叠合,形成一个最终的连调规律。有了先生的这个框架依托,我们在调查闽南话连读变调问题时就变轻松了。看似复杂的闽南话连读变调,我们往往只需要调查几十个词、十几个句子就能搞清楚。所谓的以简驭繁就是如此吧。

(二) 确定汕头音系的形成时间

由于历史、地理等原因,像汕头这种通过后期移民形成的新兴城市不少,对这类新兴城市方言口音的形成时间几何,学界常有争议。先生通过对 300 余人的扎实调查研究,确定汕头口音形成时间在 1946 年前后的那段时间,这不仅为标准汕头话后续研究指明了年代界限,也为其他混合型方言语音系统形成的特点及机制的研究提供了重要参考。

(三) 主张广州方言有介音

关于广州方言介音有无的问题一直争论不休,在先生提出广州方言有介音之前,学界多持广州方言无介音说。我的方言研究以实验语音学为主,博士期间在社科院学习时,参加了一个粤语语音库项目的工作,包括项目研究设计、采样字表的确立以及后期的语音标注工作。应该说,具体到语音分析和标注工作,基于"有介音"展开是更符合广州方言的语音事实的。比如我们在标注"瓜 [kua^{55}]"这个音节时,如果把 [u] 当声母处理,后续无论在声调数据处理,还是声母时长提取上都会碰到问题(见图 1)。

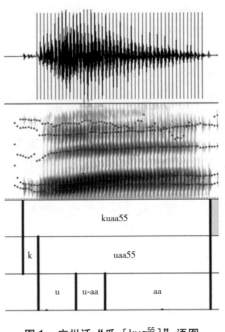

图1 广州话"瓜 [kuɑ⁵⁵]"语图

（四）广州方言元音十一音位说

在先生提出"广州方言元音十一音位说"时，学界以八音位处理为主流，十一音位处理方案跟赵元任先生（1980）所提出的"一个音系里的音位总数以少为贵"相悖。先生从"语音系统性""土人感""历史音韵"等角度论证，提出了"十一音位系统"。

我对广州方言长短元音进行声学实验分析时，采用了先生的"十一音位系统"，实践证明，十一音位更能体现广州话元音系统里长短元音对立的重要特点，实用性更强。

（五）同质兼并理论

2009年，先生在《语言研究》发表论文《汉语方言中语言成分的同质兼并》。在这篇文章里，先生提出了他历经数十年思考发现的汉语里特有的一种演变机制。先生的同质兼并理论分同音兼并和同义兼并，其中同音兼并不是此前有学者发现的共时平面上语流中发生的"同音归并"，例如把"买菜的的帽子"说成"买菜的帽子"，而是作为一种演变机制提出来的一类现象。先生以汉语方言中的大量实例证明，除了同音兼并，还有同义兼并。因为发现了同义兼并且把它和同音兼并放在同一个框架中进行分析定性，两种平行的演变机制就构成了概括力和规律性更强的同质兼并的机制。这种汉语特有的演变机制的揭示，使得很多此前不被注意的，或者无法解释的演变个案，得以从本质上得到恰当的分析定性。

以上根据我个人的认识，介绍了施先生在方言语音研究上的思想方法和贡献，可能会有遗漏。先生的方言语音研究思想和理论上的创新，不仅适用于粤语、闽南语的语音研究，也适用于其他各种语言的语音研究。

现在我给我的学生上"普通语音学"和"现代汉语研究"课时，先生的这几篇论文都是让学生必读的。我希望他们通过研读这几篇论文，能吃透音位归纳的原则和方法，理解社会语言学如何跟方言语音研究紧密结合，连读变调研究不应执着于调值、调类的描写和归并，而应从更高的层面去思考变调和语法、语义、韵律的关系。有了这种科学思考精神，相信学生以后无论是否从事语言学研究，无论从事哪个行业，都能从中受益。我想这就是所谓的学术精神的传承吧。

参考文献

施其生　1988《从口音的年龄差异看汕头音系及其形成》，《中山大学学报》第 3 期。
施其生　1989《一项窥探调值混同过程的调查》，《语言研究》第 2 期。
施其生　1990《广州方言元音音位再探讨》，《第二届国际粤方言研讨会论文集》，暨南大学出版社。
施其生　1991《广州方言的介音》，《方言》第 2 期。
施其生　2009《汉语方言中语言成分的同质兼并》，《语言研究》第 2 期。
施其生、金健　2010《谷饶方言多种降调的声学分析和感知研究》，《中国语文》第 6 期。
施其生　2011《汕头方言连读变调的动态运行——兼论汉语连读变调的研究视角》，《中国语文》第 4 期。
金健、张梦翰　2013《广州方言长短元音统计分析》，《语言研究集刊》第 1 期。
金健、洪妍　2018《基于实验分析的潮州方言喉塞尾变异研究》，《方言》第 2 期。

《官话指南》三种方言版本中的处置介词①

王衍军　蒋恬

摘要：文章以三种方言版本的《官话指南》为语料来源，对不同版本中处置标记进行深入对比分析，指出不同地域处置式的使用数量差别很大，处置式在空间发展上极不平衡。其中，初本《官话指南》处置式最发达，《土话指南》与《沪语指南》处置式较发达，而《粤音指南》与《订正粤音指南》处置式最不发达。造成上述差异的原因有：①官话地位稳固，流通和传播范围广，故发展最充分；②吴方言和粤方言受到话题句的影响，处置式在使用过程中部分变成使役句或被动句；③吴方言和粤方言发音晦涩难懂，多保留古汉语特色，无法广泛流传。

关键词：《官话指南》；处置式；语法；语义；语用

一、前言

陈山青、施其生（2011：142-152）指出："汉语中表示'处置'语法意义的手段，主要有下列数种：第（1）种，也是最普遍使用的一种，是用一个处置介词加在表示处置对象的 NP 前，例如普通话的'把'。处置介词最常见的是来自'握持'义动词的虚化，如'将''把'等。但是还可以有很多其他的来源，来自抓捕义的、给予义的、协同义的、经由义的动词或介词都有可能……由于来源的多样化，有些方言里常常不止一个处置介词。"作为一种特殊句式，陈山青和施先生的文章结合丰富的语料，指出汉语中表示处置义的语法手段多样化，处置介词的来源也是多样化的，"'将'来自把持义动词，'自''按'来自介引'协同'对象的介词，'合''共'来自经由义介词，'互'来自给予义动词"。该文语料丰富，立论鲜明，为我们研究晚清多种方言版本域外汉语教材中处置式的语用差异提供了明确的研究方向。

不少学者基于域外汉语教材语料，从共时和历时的角度对域外教材中的处置式

---

① 本文是 2020 年度国家社科基金项目"晚清域外汉语教材语法对比研究及检索语料库建构"（20BYY122）的阶段性成果。学生在恩师施先生指导下走上了方言语法研究之路，并先后获批两个方言语法领域的国家社科项目。在施先生八秩华诞之际，本人与学生蒋恬一起合撰此文，既表达对先生学术引路的感激之情，也彰显先生学术思想及诲人理念之代代传承。

与南/北方官话和现代汉语语法进行了对比分析。例如,范培培(2018)通过对"把"字句和"将"字句的分析,发现"把"字处置式和"将"字处置式呈现出与北方官话相对立的现象。李凌(2019)通过对晚清民初四部汉语教材的分析,发现"把"字句句法结构多样、语义类型丰富,且"把"字处置式语义以结果或某种状态为主,句式丰富灵活。刘涵(2019)对《官话课程》《英华合璧》和《官话萃珍》这三本域外汉语教材中所出现的处置句、被动句和比较句进行描写和分析,并与明清白话的小说中的上述三种句式进行比较,从而了解特殊句式自明末清初到晚清的发展状况。张美兰(2017)将处置句单独列为一章,描写了六种方言译本的处置句式的使用情况,同时比较了北京官话与沪语、粤语之间的句式表达差异。张美兰(2018)又选取《官话指南》及其沪语、粤语改写本,考察官话口语与沪语、粤语方言在表达施受关系上的差异及其原因。

综上所述,前贤从共时和历时的角度,对域外汉语教材语料中的处置式进行了对比分析,但是,《官话指南》不同方言版本中的处置标记为何差异如此明显?前贤研究多集中于对某一文本的单独研究,本文选取《官话指南》的三种方言版本作为语料,对书中处置标记的语用差异及语法化过程进行了对比分析,以期为官话史、方言史研究提供第一手材料。

二、《官话指南》三种方言版本的处置标记

(一)本文所用的《官话指南》三种方言版本的情况

《官话指南》是第一部由日本人自己编写的北京话口语教材,是当时日本人学习汉语的必读书。日本汉学家六角恒广曾指出:"在整个明治时代,它不仅确立了'支那语'学习者必读书的地位,而且,该地位经过大正时期,一直保持到了昭和20年(1945)。"[①] 该书问世后产生了巨大的影响,曾几十次重刊,而且出现了众多不同方言改编本。文章选取《官话指南》三种方言版本作为语料。各版本信息参见表1。

表1 本文选用《官话指南》三种方言版本的具体信息

教材名称	基础方言	编著/修订	出版年代	出版社
初版《官话指南》	北京官话	吴启太、郑永邦	1881年	上海美华书馆
改订版《官话指南》	南方官话	九江书会	1893年	九江印书局

---

① 六角恒广:《日本中国语学书志》,王顺洪译,北京语言文化大学出版社2000年版,第16页。

续上表

教材名称	基础方言	编著/修订	出版年代	出版社
《土话指南》	吴语	待考	1889年	上海土山湾慈母堂
《沪语指南》	吴语	曹菊人	1908年	上海美华书馆
《粤音指南》	粤语	译者不详	1895年	香港文裕堂
《订正粤音指南》	粤语	[英]威礼士重订	1930年	Hongkong Wing Fat & Company

从表1可知，初版《官话指南》（四卷）（简称初《官》）基础方言为北京官话，改订版《官话指南》（四卷）（简称改《官》）基础方言为南方官话，两者处置式使用情况基本相同，我们合称为"官话版"；《土话指南》（三卷）（简称《土话》）和《沪语指南》（两卷）（简称《沪语》）基础方言为吴语，是当时上海话的重要资料，我们合称为"吴语版"；《粤音指南》（简称《粤音》）和《订正粤音指南》（三卷）（简称《订粤》）基础方言为粤语，我们合称为"粤语版"，是研究19世纪末粤语面貌及其与官话差异的重要语料。

（二）三种方言版本中处置式的句法标记及其数量

语言随着时代的变化而不断变化。汉语在发展过程中，语音、词汇和语法等各个要素也是不断变化的。像汉语中特有的处置句式即不断发生新的变化，从而发展出不同的处置介词。《官话指南》三种方言版本中的处置介词即有五个，为"把/将/拿/担/搣"，因此，本文对"把/将/拿/担/搣"处置介词的起源与语法化进行说明，并对三种方言版本《官话指南》中含有处置标记的处置式进行数据统计，如表2所示.

表2 《官话指南》三种方言版本中处置标记数量分布

（单位：列）

版本	把	将	拿	担	搣	总计
初《官》	256	23	0	0	0	279
改《官》	256	23	0	0	0	279
《土话》	0	0	6	100	0	106
《沪语》	0	0	140	0	0	140
《粤音》	23	70	0	0	33	126

续上表

版本	把	将	拿	担	搣	总计
《订粤》	3	15	0	0	4	22

（三）三种方言版本《官话指南》中处置标记差别较大

首先，初《官》和改《官》中"把""将"的使用频率一致，均为279例，其中"把"字句是常用形式，而"将"字句数量较少，表明在19世纪后期的官话口语中处置式"将"字句已经被"把"字句整体取代，初《官》和改《官》中处置式用例符合晚清时期普通话处置式的发展规律。

其次，以吴语为方言基础的《土话》和《沪语》使用"担"和"拿"这两种方言处置标记，前者以"担"字为主，"拿"字为辅，后者只使用"拿"字。这一方面体现了吴语与官话的差异，另一方面也反映出吴语内部的语言差异。

最后，以粤语为方言基础的《粤音》和《订粤》使用"把""将"和"搣"这三种处置标记，且以"将"字为主，"把"和"搣"字为辅。李炜（1993）通过研究普通话的"把"字句和广州话中的"将"字句，指出广州话本身很少使用处置式，如果一定要使用处置式，会优先使用"将"字。

本文的研究也证实李文的观察是正确的。而《订粤》中处置式只有22例，这表明粤语处置式的发展相对于官话而言还不够发达，更多的是采用话题句来实现。另外，粤语中"搣"字是后起字，在晚清时期才以动词形式出现，对其的研究较为薄弱，本文的研究也可以弥补"搣"字处置式研究的一些空白。

三、《官话指南》三种方言版本中处置标记的语法化历程及语用差异

（一）三种方言版本中处置标记的语法化历程

1. 处置标记"把"

《官话指南》三种方言版本中出现处置标记"把"的有初《官》、改《官》、《粤音》和《订粤》这四本书。《说文解字·手部》："把，握也，从手巴声。"例如：

（1）禹亲把天之瑞令。（《墨子·非攻下第十九》）

"把"字进入连动结构后,且后一个动词具有位移义,此时"把"即出现于广义处置式中。王力曾指出:"一样东西,必须先把握,然后能处理它。"所以,"把"字处置式首先出现于连动结构中。

(2)"臧人"者,甲把其衣钱匿藏乙室,即告亡,欲令乙为盗之,而实弗盗之谓殴。(《睡虎地秦墓竹简·法律答问》)

例(2)可以译为"甲把他的衣服和钱财藏在了乙的房间","把"构成典型的连动结构。随着时间的迁移,当"把"的对象同时也可以成为"处置"的对象,且对象不是能够握持的具体事物,那么"把"字狭义处置式就随之产生。这一用法应该是在初唐时出现的。

(3)欲知求友心,先把黄金炼。(孟郊《求友》)

例(3)"黄金"可为"炼"的处置对象,此时"把"字具有狭义处置式的用法。在这之后,"把"字处置式又产生了致使义处置式的用法。"把"字从"把握"的实义动词完全虚化为一个处置义的介词,至唐代,"把"作为处置介词用法发展成熟。

2. 处置标记"将"

《官话指南》三种方言版本中出现处置标记"将"的有初《官》、《粤音》。"将"字本义为"将领、带兵的人"。从先秦至今,与"把"字不同,"将"字的意义和用法更多样,在上古汉语中,"将"字可以用作动词、名词和时间副词。随着时代的变迁,到了魏晋南北朝时期,具有"携带"意义的动词"将"开始出现于连动结构中。

(4)畴昔将歌邀客醉,如今欲舞对君羞。(唐·李端《杂曲歌辞·妾薄命三首》)

(5)乾道运无穷,恒将人代工。(唐·李隆基《春晚宴两相及礼宫丽正殿学士探得风字》)

这时候"将"的意义开始发生虚化,例如(4)中"将歌"成为"邀客醉"的方式,其动词词性开始减弱,从而具备工具介词的特性。再随着时间的推移,到了唐代,"将"开始具备处置标记的特征。

(6)洲渚遥将银汉接,楼台直与紫微连。(唐·裴漼《郊庙歌辞·享龙池

乐章》)

例（6）中的"洲渚"通过"将"对"银汉"实施了处置动作，与"银汉"相接。到了宋代，"将"字处置式得到进一步的发展，谓语动词前后成分的类型开始变得多样，直至谓语动词前出现修饰性成分，"将"字处置式完全虚化为处置介词。如例（7）中的"将"就已是处置介词的用法。

（7）几夜夜寒谁共暖，欲将恩爱结来生。（北宋·晏几道《晏几道词》）

综上所述，"将"字从"率领、携带"的实义动词完全虚化为一个处置介词，经历了"实义动词→工具介词→处置介词"的虚化路径，最后"将"字处置标记用法在唐代得以成熟，并在宋代得到了进一步发展。

3. 处置标记"拿"

《官话指南》三种方言版本中出现处置标记"拿"的仅有《土语》。段玉裁《说文解字注》有云："拿，会意字。即手合起来，表示握持。""拿"字最早出现在唐代，刚开始"拿"作为动词，表示"握、持、捉"。如：

（8）少年心事当拿云，谁念幽寒坐呜呃。（唐·李贺《致酒行》）

例（8）中的"拿"为动词，"当拿云"即"当持云"，即"少年应有凌云之志"。宋代时期"拿"作为动词，但与名词连接时关系较松散，既可用于表达前后两个相继动作的连动式结构，也可用于表达分割成两个独立的结构，而此时即"拿"语法化开始的时间。

如下例（9）中的"拿"，用于引进动作支配的对象，"拿起劈柴斧"与"赶那赵正"既可理解为连动结构，也可理解为后一动词短语"赶那赵正"的方式状语，这时候"拿"字就开始出现语法化。

（9）侯兴听得焦躁，拿起劈柴斧赶那赵正。（南宋《话本选集》）

到了宋元时期，"拿"作为谓语动词，后面常常伴随体标记"着、了、过"。也正是因为有"了"标记的出现，"拿"字句法关系更加松散直至瓦解，这直接为"拿"字虚化提供了句法环境。到了元代，"拿"字出现了介词用法，可以作为引进工具、材料等的介词。如例（10）中的"拿"可以解释为"用"，引进后面的工具"条绳"。

(10) 拿条绳绑了，把马也救起来。(明·施耐庵《水浒传》)

到了明清时期，"拿"字不仅在连动结构中出现，还可以单独使用，此时的句法环境和语义关系最容易将其重新分析为处置标记。

(11) 再拿昨日碎拉个灯罩寻出来，拨拉伊，教伊明朝照样去配一个。(《沪语》3–13)

综上可知，"拿"字从动词虚化为处置介词经历了"动词→工具介词→处置介词"的过程，且因为"拿"字出现较晚，"拿"字到明清时期才开始语法化，《土话》中的"拿"字处置式可以清楚地展示其在晚清时期的发展状况。

4. 处置标记"担"

现代汉语中"担"字语义丰富，语法功能广泛，但是"担"字作为处置标记用法并没有得到大范围的使用，而主要存在于南方方言中。《官话指南》三种方言版本中只有《土话》涉及处置标记"担"。"担"字作动词时基本义为"用肩膀挑"，主要存在于南方方言中，这一动词义就等于普通话的"挑"字。例如：

(12) 担囊行取薪。(三国·曹操《苦寒行》)
(13) 负书担橐。(《战国策·秦策一》)

随着时间的推移，融合了"拿"的动词义，主要包括"持握、持拿""获取、取得""给予、送予"和"抬起、仰起"义。这样的用法目前还存在于南方方言中。

(14) 是者。伊个铺盖（口老）啥，教伊一齐担之来罢。是。(《土话》3–1)
(15) 哈，侬先担零碎物事拉天井里。(《土话》3–9)

例 (14) 中的"担"表示"持拿"，例 (15) 中的"担"表示"挪移"，都和手部的动作有关。由"持拿义"到"挪移义"，其中的动作义逐步抽象化。

(16) 要个。侬去担我脱下来个东洋衣裳折起来，勿要担毛刷来刷。(《土话》3–5)
(17) 要个，担侬个脚个头踏住拉。(《土话》3–6)

例 (16) 中的"担我脱下来个东洋衣裳折起来"，"担"已经体现出"（将受事）实施（某种）处置"的语义。同时，"担"还表示"工具格"，"担毛刷来刷"中"担"为介引工具的介词，而这一用法在吴语中也很典型，又如例（17）。《土话》和《沪语》中"担"字处置式的出现，可以展现晚清时期"担"字处置式的发展特点。

5. 处置标记"搣"

《官话指南》中涉及处置标记"搣"的有《粤音》和《订粤》。"搣"是后起字，《说文解字》中并无记载。《康熙字典》中对"搣"字的解释为："下介切，音械。持也。"从这可以得知"搣"本义为"持"类动词。甘于恩（2002）在研究广东四邑方言语法时指出"搣"字存在于开平话和恩平话中，为动词用法；胡昊（2021）在对方言处置式进行类型学研究时指出"搣"字作为处置标记主要存在于粤方言中的香港话里；刘涵（2019）在研究晚清域外汉语教材时指出"搣"字在明朝时期不存在处置介词的用法，在晚清时期才出现该用法，因此"搣"字处置式的例句很少见，这里举的例（18）和例（19）是《粤音》中的用例。

（18）你去拧张櫈嚟，搣副烟盘丢上去。（《粤音》3-7）

（19）衣服折好，细炉处烧翻着炭，俾灰搣住。（《粤音》3-15）

综上所述，目前对处置标记"搣"字的语法化过程描述很少，一是"搣"字出现很晚，二是粤方言"搣"字处置式很不发达。本文对"搣"字处置式的研究一定程度上可以理清"搣"字处置标记在晚清时期的发展特点，并与其他处置标记进行对比研究。

（二）《官话指南》三种方言版本中处置介词语用差异的可能原因

1. 对译版本部分内容的缺失

首先，《土话》《沪语》均缺少第四卷。第四卷内容多是外交辞令，语言使用上偏向于书面语。初《官》中23例"将"字处置式均出现在第四卷中。这就可以解释为何《土话》中不存在"将"字处置式。

其次，《沪语》虽然缺少第三卷内容但是例句总数却比《土话》多34例。《沪语》出版时间比《土话》晚了7年，又因语言具有稳定性这一特点，因此，《沪语》和《土话》虽然语料都属于吴方言，但是两者正好代表了两派吴方言。因此，研究《土话》和《沪语》的差别也是研究吴方言内部的差异。

2. 处置式在空间发展上的不平衡

初《官》作为母本一共含有279例处置式。改《官》与初《官》中的处置式数量保持一致，差别主要在《土话》《沪语》《粤音》和《订粤》。《土话》和

《沪语》缺失的处置式例句，在表述初《官》中的处置句时分别改用了"请"字句、"叫"字句、"让"字句等使役句；而《粤音》和《订粤》缺失的处置式例句，在表述时除了改用为使役句外，还用了不少受事宾语句，比如可以看到不少复指受事成分"佢"字。这种差异实质上是南北官话处置式与吴方言、粤方言处置式的差异。可见，处置式在南北官话中发展最充分，在吴方言中次发达，在粤方言中最不发达。

四、结论

《官话指南》三种方言版本中所使用的处置标记差别很大。以南北官话为方言基础的初《官》和改《官》使用"把/将"字处置标记；以吴语为方言基础的《土话》和《沪语》使用"拿/担"字处置标记；以粤语为方言基础的《粤音》和《订粤》使用"把/将/搣"字处置标记。不同地域处置式的使用数量差别很大。其中，初《官》和改《官》中处置式使用频率最高，其次是《土话》和《沪语》，《粤音》和《订粤》中处置式使用频率最低。造成这两个差异的可能原因有：①对译版本部分内容的缺失。②处置式在空间发展上的极不平衡。

参考文献

陈山青、施其生　2011《湖南汨罗方言的处置句》，《方言》第2期。

[清] 段玉裁　2013《说文解字注》，中华书局。

范培培　2018《琉球官话课本的"把"字句和"将"字句》，《汉语学报》第2期。

甘于恩　2002《广东四邑方言语法研究》，暨南大学博士学位论文。

胡昊　2021《汉语处置式类型学考察》，江西师范大学硕士学位论文。

蒋恬　2023《六大版本〈官话指南〉处置式对比研究》，暨南大学硕士学位论文。

李凌　2019《晚清民初汉语教材"把"字句考察》，《海外华文教育》第2期。

刘涵　2019《晚清来华传教士汉语教材中的特殊句式研究》，山东师范大学硕士学位论文。

[日] 六角恒广　2000《日本中国语教学书志》，王顺洪译，北京语言文化大学出版社。

施其生　1996《汕头方言的几种句式》，《方言论稿》，广东人民出版社。

孙叶林　2011《邵东方言"担"的语法化》，《湘潭大学学报》第4期。

王力　1948《中国语法纲要》，山东教育出版社。

于红岩　2001《浅析"拿"字处置式》，《语文研究》第3期。

张美兰　2017《〈官话指南〉汇校与语言研究》，上海教育出版社。

张美兰　2018《施受关系之表达与南北类型特征制约——以〈官话指南〉及其沪语粤语译本为例》，《学术交流》第2期。

宜阳方言的形容词短语儿化

陈安平

提要：中原官话区不少方言的形容词短语存在儿化（小称）和非儿化的对立。本文描写了中原官话区宜阳方言的对立小称格式和非对立小称格式，将宜阳方言和中原官话区的浚县、陕县、确山、唐河方言进行了比较，发现这五个方言点的形容词短语儿化的形式、意义均存在差异，并对形容词短语儿化的性质和成因进行讨论。

关键词：中原官话；宜阳方言；形容词短语；儿化（小称）

一、问题的提出

宜阳县位于河南省西部山区，隶属于洛阳市。宜阳方言属于中原官话洛嵩片（贺巍，2005）。洛嵩片还包括周边的十五个县市：洛阳市、嵩县、巩义市、登封市、偃师市、孟州市、孟津县、伊川县、渑池县、新安县、洛宁县、三门峡市、义马市、栾川县、卢氏县。宜阳县处于洛嵩片的中心地带。宜阳县城往西北200多公里的三门峡市区附近属于中原官话汾河片，向北约100公里越过黄河是晋语区。东面、南面数百公里之外的郑州市、南阳市等地属于中原官话郑曹片。

宜阳方言的儿化和普通话一样，也有表"小"的意义，也有亲切喜爱、轻松随意的感情色彩，但是宜阳方言的儿化从名词扩展到了短语句法层面。如下面的基式和儿化形式：

阵高（这么高）　　恁大（这么大）　　不深（不深）
没多深（没多深）　[阵高]儿（这么矮）[恁大]儿（这么小）
[不深]儿（比较浅）[没多深]儿（很浅）

施先生在《汕头方言量词和数量词的小称》（1997）一文中最早提及小称标记可以附加在短语上。此文明确区分了量词小称和数量短语（施文中称"数量词"）小称，认为"量词小称表示事物的单位较非小称的同类单位小"，"数量词小称的意义是把事物的数量往小里说"。它们的结构也不同，量词小称的结构是"数词+

量词小称",数量短语小称的结构是"[数词+量词]+小称"。同类现象在广东的廉江方言(林华勇,2005:115)、浚县方言(辛永芬,2006:27-38)中也得到了揭示。我们发现,河南大部分地区普遍存在的形容词短语小称形式,与施文所报道的数量短语小称在性质上是一致的。只是各地所使用的具体儿化形式、可进入小称儿化框架的形容词和"指量"成分不尽相同。

辛永芬(2006:27-38)已对浚县方言的形容词短语小称形式做了详细的描写和充分的解释。张邱林(2003)较早报道了陕县方言中的此类现象。陈安平(2009)、杨正超(2013)、董淑慧(2017)等分别对宜阳方言、河南唐河方言、河北孟村方言的短语儿化进行了对比研究。鉴于此语法现象涉及汉语的一个重大特点——汉语词组的形态问题,而且汉语这个特点还没有引起足够重视,同时由于宜阳方言和浚县方言的有关现象尚存差异,宜阳方言形容词短语的儿化现象仍有深入探讨的必要。本文对宜阳方言形容词短语的儿化形式做一些描写,并主要和浚县方言及陕县、唐河方言进行比较,从中可以看出中原官话内部类似的语法项目也存在不小的差异。

宜阳方言的儿化作用于形容词短语,和浚县方言一样,可以形成基式和儿化形式在语义上的对立。比如形容词位于具有指示程度意义的成分后可以儿化,如"阵大儿""恁长儿""没多粗儿""不大儿"等。这种形容词短语的儿化,从形式上看语音形式是"儿"音节跟其前面的形容词音节合二为一,如"不大 [pu$^{44-51}$ ta^{31}]" → "不大儿 [pu$^{44-51}$ tɐɯ^{31}]"。但"大儿"在句法上不独立,它是粘着性的,"大"本身不能儿化。就是说,形容词的单独儿化形式与其非儿化形式并不能构成语义上的对立,而是整个形容词短语儿化之后跟形容词短语构成了语义上的对立,即"不大儿"与"不大"之间的对立。因此,儿化不是粘附在形容词上的,而是粘附在整个形容词短语上的。形容词短语实际上包含了说话人确认的程度量或数量,形容词短语的儿化形式是把这个已经确认的程度量或数量再往小里说。

宜阳方言能组成这种小称的形容词主要有"大、长、沉、重、高、粗、厚、宽、远、深"10个,这些单音节形容词是描写事物度量衡特征和数量的正向形容词。这一点和陕县方言、浚县方言基本相同。浚县方言有五种小称格式:[程度指示代词+A]儿、[没多+A]儿、[不+A]儿、[多+A]儿、[数量短语+A]儿。但在宜阳方言中,只有[程度指示代词+A]儿、[没多+A]儿、[不+A]儿三种小称格式,后两种却不是小称格式。为什么会出现三种格式相同、两种格式不同的情况呢?我们认为这种现象背后有着深刻的根源。

本文先对宜阳方言这类形容词短语儿化的三种格式逐一进行描写,然后探讨另两种小称儿化形式和浚县方言不同的原因。

二、小称格式

（一）[程度指示代词+A]儿

宜阳方言的程度指示代词有"阵"（这么）、"恁"（那么）两个，这两个词可带词缀"们"，带上"们"之后，表示程度上夸张。需要指出的是，宜阳方言还有一个可以用在这个格式中的形容词，是很特殊的"些"（"多"的意思）。"阵/恁些"和"阵/恁些儿"也形成对立。形容词"多"反而不能形成这种对立，因为可以说"阵多"，不能说"阵多儿"。在宜阳方言中，短语"阵些""恁些""好[xau³¹]些"（很多）中出现"些"不出现"多"，其他时候出现"多"不出现"些"。比如"不些""可些"都不能说。

(1) a. 阵（们）大这西瓜！（这么大的西瓜！）
　　b. 阵（们）大儿这西瓜！（这么小的西瓜！）

例（1a）是说西瓜大得令人吃惊，例（1b）是把"大"的程度往小里说，说话人觉得西瓜很小。

"[程度指示代词+A]儿"在句中可以作谓语、定语、补语。如：

(2) 两年了，这□[io³¹]（一个）狗阵高儿。（两年了，这只狗还是这么矮。）

(3) 恁大儿来娃子我可不要，干不成活儿。（那么小的孩子我可不要，干不了活儿。）

(4) 这棵倭瓜□[io³¹]（一个）月没见，才长来阵大儿。
　　（这棵南瓜一个月没看到，才长了这么一点。）

(5) 天冷，恁厚儿来衣裳多穿几件。（天冷，那么薄的衣服多穿几件。）

因为"[程度指示代词+A]儿"表示往小里说，跟表示限定意义的范围副词"只、满共、才、就"语义上一致，因此常跟这些副词搭配使用。如：

(6) 我这钱斗阵些多儿，不嫌少你拿走吧。（我的钱就这么点，不嫌少的话你拿走吧。）

(7) 她那头发才恁长儿，咋别卡子咦？（她的头发才那么长一点儿，怎么插发夹呢?)

(8) 俺家离商店斗恁远儿,一会儿就走到了。(我家离商店只有那么远一点,很快就走到了。)

在普通话中,也有类似的说法。比如,"那么"在和正向形容词组合时,表示的是程度深,因此"那么大"通常表示的是"很大"。但是如果前有"只、就、才"等表示数量少、程度低的副词修饰时,或者后有"一点儿"等词语时,"那么"和正向形容词组合的意义与和负向形容词组合的意义没有什么两样:才那么大(一点儿) =这么小。如:

(9) 普通话:a. 这个苹果才那么大啊,我不要了。我喜欢大的。
　　　　　　b. 这个苹果这么小,我不要了。我喜欢大的。

宜阳方言的"才恁大儿"也表示小,但表示小的意义不是"才"语义加入的结果,"恁大儿"本身已经表示小的意义了,和"才"组合只不过是对"小"另一个角度的确认,而且这两种"小"的功能不在一个层次上。

浚县方言(辛永芬,2006:29)有一些表示负面意义的A也能进入这种小称框架,比如"短、低、细、薄"。它们表示事物度量衡的负面特征,与程度指示代词结合有"很A"的意思。比如,"这件儿衣裳恁短"是说这件衣服很短。"这件儿衣裳恁短儿",其中的"恁短儿"是比"很短"程度还小的"短"。宜阳方言的负面形容词不能进入这样的框架,"阵短、阵细"等短语,没有相应的儿化形式"阵短儿、阵细儿"。

(二)[没多+A]儿

这个格式里的"多[tuo⁴⁴]"是指示程度的,跟"阵""恁"语义上一致。"没"先跟"多"组成一个指示低程度量的成分"没多",然后再修饰A,因此性质上还是"指量+A",和第一种格式是一样的性质。

"没多+A"本身是对程度高的否定。小称式"[没多A]儿"是把一个低的程度量再往小里说。"没多高"就是"不怎么高",就是"有点低"。再往小里说的结果是"比较低"。"没多高儿"就是"比较低"。如:

(10) 我没多高儿,不能参军。(我个子比较矮,不能参军。)
(11) 你替我拿拿箱子吧,我这箱子没多重儿。(你替我拿一下箱子吧,我的箱子不重。)

"［没多+A］儿"在句中可作谓语、补语、定语，也常和表示限定意义的副词组合。如：

（12）那条路本身斗没多宽儿。（那条路本来就比较窄。）
（13）没多深儿来坑，不会给你脚崴来啥样。（比较浅的坑，不会把你脚扭得很厉害。）
（14）俺那苹果才长来没多大儿，他们可去偷去了。（我家的苹果才长得没多大，他们就去偷了。）

浚县方言中，"不"也可以进入这样的格式，形成"［不多+A］儿"这样的格式，和"［没多+A］儿"结构有一样的功能。宜阳方言的"不"不能修饰指示程度的"多"。

（三）［不+A］儿

"不+A"是对A的否定，"［不+A］儿"则是把"不+A"再往小里说。因为A是正向词，所以，"不+A"是第一次向负面方向移动，"［不+A］儿"是在第一次基础上的第二次负向移动。如：

（15）a. 今年天旱，西瓜不大。（今年天旱，西瓜不大。）
　　　 b. 今年天老旱，西瓜不大儿。（今年天很干旱，西瓜很小。）

例（15a）否定的是"大"，"不大"是"不大不小，中等"的意思。例（15b）是把"不大"再往小里说，因此"［不+大］儿"的格式义应该是对"大"的负向词"小"的肯定，即"小"的意思。

"［不+A］儿"在句中可以作谓语、补语和定语，也常跟表示限定的副词搭配。如果有语境的帮助，也可以直接指代事物。如：

（16）那娃子不大儿，就去副业队了。（那个孩子年纪比较小，就去副业队了。）
（17）今年来蜀黍秆斗不粗儿，一攌斗折。（今年的玉米秆比较细，一折就断。）
（18）前面不大儿□［io^{31}］（一个）盆儿，里头种了一棵指甲草。（前面有一个比较小的盆儿，里面种了一棵凤仙花。）
（19）我有□［io^{31}］（一个）不厚儿来毛衣，给你吧。（我有个比较薄的毛衣，给你吧。）

(20) 我不要大来，我斗要那不大儿那□［io³¹］（一个）。（我不要大的，我就要小的那个。）

(21) 你那甜杆我可想吃，你给我不长儿中不中？（你的甘蔗我很想吃，你给我很短一段好不好？）

三、非小称格式

以上是和浚县方言类似的三种格式。浚县方言还有格式"［多+A］"和"［多+A］儿"的对立、"［数量短语+A］"和"［数量短语+A］儿"的对立。格式"［多+A］"和"［多+A］儿"中的"多"一个是程度疑问代词，用在疑问句中表示询问程度。用基式"多+A"时，只是客观的询问，用小称式"［多+A］儿"时，"包含了询问者对所问程度不高的心理预设，即询问者预先假设所问的程度是一个小程度"（辛永芬，2006：32）。如：

(22) a. 得多长？
    b. 得多长儿？
(23) a. 他家离这儿有多远？
    b. 他家离这儿有多远儿？

例（22a）和例（23a）只是客观地询问长度、路程，没有心理预设。例（22b）和例（23b）表示询问者预设长度不大、路程不远，还是跟小称有关。

在浚县方言中，"这个格式中的A也有条件限制，表示负面意义度量衡特征的'短、低、细、薄'以及表示数量的'多'不进入此格式"（辛永芬，2006：32）。宜阳方言也存在"［多+A］""［多+A］儿"格式，"多［tuo⁴⁴］"是一个表程度的疑问代词。后者虽然是前者的儿化形式，但是并不是前者的小称式。在宜阳方言中，"［多+A］儿"格式询问客观程度，是中性问。如：

(24) 北京离咱这儿有多远儿？（北京离咱们这儿有多远？）
(25) 我想掐一根长绳晾衣裳，从咱前院扯到后院，得多长儿？［我想买一根长绳晒衣服，从咱前院拉到后院，要多长（才够）？］

例（24）询问者因不知道有多远才询问，这里并没有预设"路程不远"的意思。

宜阳方言存在"［多+A］"这样的格式。这种格式中的"多"语音为

[tuo⁵¹]，预设是已经知道程度很深，询问的是 A 深到了什么样的程度。这是一种偏向问。比如：

(26) 甲：北京离咱这可远可远。（北京离咱们这儿很远很远。）
乙：到底有多远？（到底远到什么程度？）
甲：远来你俩月走不回来。（远得你两个月走不回来。）

"[多+A]"和"[多+A]儿"中的 A 有差别。"[多+A]儿"格式中的 A，只有前文所说的那 10 个正向形容词可以进入。负面意义度量衡特征的"短、低、细、薄"以及表示数量的"多"不能进入。但所有的性质形容词都可以进入"[多+A]"，如既可以说"多大"，也可以说"多小"。如下例：

(27) 甲：我今天搁树上见了俩马知了，可小，小来不得了。（我今天在树上见到了两只蝉，很小，小得不得了。）
乙：多小？/有多小？/＊多小儿？（多小啊？）
甲：赶黄豆还小。（比黄豆还小。）
乙：捣人唉。（骗人呢。）

需要指出的是，"[多+A]""[多+A]儿"中的"多"虽然语音不同，但是仍然有同一性。因为两者的语义相同，都是表程度的疑问代词。"[多+A]"中的"多"是语义重心，所以必须重读。在宜阳方言中，因为重读发生音变的情况是常见的。不少阴平字重读时成为阳平，如语气副词"光 [kuaŋ⁴⁴]"重读时语音为 [kuaŋ⁵¹]，程度副词"通 [tʻuŋ⁴⁴]"重读时为 [tʻuŋ⁵¹]。"多 [tuo⁴⁴]"变为 [tuo⁵¹] 符合重读时平声字声调变化的规律。

同样，宜阳方言"[数量短语+A]儿"是对事物的客观表述。如果一根绳子三米长，那么宜阳方言说"这根绳子三米长儿"，这是个客观表达。浚县方言这样的客观表达是"这根绳子三米长"。浚县方言如果说"这根绳子三米长儿"，是说这根绳子三米，嫌它不长。仔细比较两种方言的两种格式，我们发现两种格式是有联系的。如果中性问句是"[多+A]儿"，那么答句中"[数量短语+A]儿"肯定是客观的表述。如果中性问句是"[多+A]"，那么答句"[数量短语+A]"也是客观的表述。我们以"多高"为例，比较如下：

表1 四种方言与普通话中性问答与偏向问答的语表形式比较

	宜阳方言	确山方言	浚县方言	陕县方言	普通话
中性问	有多高儿？	有多高儿？	有多高？	有多高？	有多高？
中性答语	三米高儿。	三米高儿。	三米高。	三米高。	三米高。
偏向问	有多高？	有多高？	有多高儿？	有多高儿？	有多高？
偏向答语	三米高。	三米高。	三米高儿。	三米高儿。	三米高。

由表1可见，普通话中性问和偏向问共用一种语表形式，即不区分中性问和偏向问。浚县、陕县、宜阳、确山方言有儿化形式，所以都能够区分中性问和偏向问。浚县、陕县方言的中性问与普通话相同，宜阳、确山方言的中性问与普通话不同，相应的答语也不同，但各自的答语和各自的问话是一致的。中性问有儿化的，答语也有儿化；中性问无儿化的，答语也无儿化。偏向问与此相同。不过唐河方言的"［多＋A］儿"既是中性问，也是偏向问（杨正超，2013）。杨文推测宜阳方言的"［多＋A］儿"和唐河方言的"［多＋A］儿"一样，既是中性问，也是偏向问。我们经过反复核实，并未发现宜阳方言的"［多＋A］儿"有偏向问的用法。

四、讨论：非小称格式的性质和来源

宜阳方言形容词短语儿化的两种格式和浚县方言不同。"［多＋A］儿"和"［数量短语＋A］儿"没有小称的意义。"［多＋A］儿"问句是中性问，"［数量短语＋A］儿"可以看成对"［多＋A］儿"问句的中性答语。为什么会有这样的不同？

首先，"多A"和"多A儿"尽管不是基式和小称式的对立，但是"多A儿"依然是"多A"的儿化形式，而不是"多"与"A儿"的组合。从中原官话的系统上看，既然陕县和浚县方言有五种形容词短语的儿化，宜阳方言至少在理论上也应有这五种儿化。从宜阳方言的系统看，宜阳方言既然有前三种形容词短语的儿化，也应该有后两种形容词短语的儿化。

最为关键的证据在宜阳方言内部：除了转化为名词的那种儿化，如"尖儿""亮儿"等，宜阳方言的形容词是不能儿化的。宜阳方言中不存在"A儿"这样的词语。如果是"多"与"A儿"的组合，"多"是疑问代词作状语无疑，那么"A儿"是个什么性质的东西呢？我们认为，"多A儿"是"多A"的儿化，这一点和前三种格式如"不A儿"是"不A"的儿化一样。"A儿"是一种跨层次的，根本就不是一个整体。刘春卉（2007）虽然敏锐地觉察到确山方言和普通话的中性问、偏向问不同（确山方言的"［多+A］""［多+A］儿"与宜阳方言的表现相同），但是没有充分认识到"［多+A］儿"的性质。比如刘文认为，用于中性问的"大儿""长儿""深儿"等形容词的儿化形式不同于形容词重叠式的儿化，也不同于"亮儿""尖儿""破烂儿"等"A+儿"式名词。它们不能独立存在，必须在某些句子中使用，在这一点上，它们与印欧语的形态变化具有较大的一致性。因此，可以把"儿"看作一种特殊的形态标记，它标记着其前形容词描述评价义的消减与属性指称义的凸显。

我们的看法恰恰相反，这个"儿"和印欧语的形态变化没有一致性，而是汉语特点的一个表现，是词组的一种形态，不像印欧语那样，形态落实于某个词上。认清"多高儿"的性质对解释"多高儿"为什么能表示中性问至关紧要，所以我们认为有必要对其详加说明。

其次，在宜阳方言中，儿化是个很普遍的现象，各种实词，甚至副词都有可能儿化。有很多词语口语中根本没有不儿化的形式（只有在文读的时候才不儿化），比如"猪""树""边""角"等常见的名词。有很多名词儿化形式和非儿化形式同时存在，儿化形式完全没有小称的意义。如"门"与"门儿"：可以说"大门"也可以说"大门儿"，可以说"小门"也可以说"小门儿"，意义相同。同样，"碗儿"不比"碗"小，"大碗儿"不比"大碗"小。从历史上看，"伴随着'儿'尾向儿化韵的过渡，'儿'的指小意义逐渐受到磨损，大量的儿化词失去了指小的意思，儿化只成了一种名词性标记成分"（辛永芬，2006：23）。这就是宜阳方言的大部分儿化名词没有小称意义的原因。宜阳方言大部分儿化词语没有小称意义告诉我们，宜阳方言小称意义磨损进程比较迅速或者说磨损比较严重，这是一个事实。

笔者曾有这样一个假设："从中原官话的系统来看，历史上某个时期宜阳方言应该和浚县、陕县方言一样，也存在五种基式和小称式对立的格式。"（陈安平，2009）曾经某个时期，宜阳方言的"多A儿"应该是偏向问，"多A"应该是中性问。至于现在各个方言点的情况变得不同，则是历史演变不平衡的结果。由于"多A儿"句式和"多A"句式是问句，使用非常频繁，而宜阳方言的小称意义又有磨损迅速的特点，这最终导致了形容词短语的儿化形式"多高儿"其指小意义的磨损。磨损后的"多高儿"没有小称意义，也变成了中性问。这就是宜阳方言、确山方言"多A儿"表示中性问的来源。这时，语言中就会有"多A"和"多A儿"两种表示中性问的问句。两种格式在宜阳方言中会产生竞争。由于宜阳方言儿化非常普遍，人们习惯于儿化发音，使用频繁的中性问用"多A儿"更自然、更方便。最终，宜阳方言选择了"多A儿"作为中性问句。"多A"不经常使用，从中性问转向成偏向问。通常而言，中性问的使用频率要远远高于偏向问，中性问是无标记的，偏向问是有标记的。也就是说，宜阳方言的发音习惯决定了使用频率，使用频率决定了"多 A 儿"从竞争中胜出，作为无标记问句的使用格式。与此相联系，用来回答的"［数量短语＋A］儿"也逐渐成了中性答句。最终的结果是，宜阳方言前三种格式还停留在基式和小称式的对立上，后两种格式中的儿化格式磨损掉了小称意义，成为中性格式。

杨正超（2013）认同前文的假设，认为"也正是基于河南中原官话形容词短语儿化现象至少存在 5 种常用格式这一假设，在已有的方言报道的语料和分析的支撑下，加上我们对唐河方言的考察分析以及对各方言间的比较，我们得出这个结论：从地理分布来说，按纬度自北向南（大致来说，浚县、陕县靠北，宜阳、确山靠中，唐河靠南），河南中原官话形容词短语儿化形式表小称义的功能表现出一种渐变性的倾向，即这 5 种格式中有 2 种（'［程度指示代词＋A］儿'和'［数量短语＋A］儿'）还在各方言中普遍保持一致地表达小称义，其他 3 种已出现不同程度的差异"。也就是说，如果不管具体哪种格式的话，现在的唐河方言只存在两种格式对立。笼统来说，河南中原官话形容词短语儿化形式表小称义的功能表现出一种北多南少的倾向是对的。但是查看河南省行政区域地图就可以发现：杨文说的"大致来说，浚县、陕县靠北，宜阳、确山靠中，唐河靠南"是非常不准确的表述。浚县非常靠北；而宜阳和陕县靠西，两地纬度几乎相同，地理位置均在中间，非常接近，几乎相邻；确山和唐河比较靠南，纬度相近，几乎相邻。现在的语法现象是距离比较远的浚县（北）和陕县（中）比较一致，距离比较远的宜阳（中）和确山（南）比较一致。而宜阳和陕县均处豫西，这么百来公里的距离，两者语法现象竟然不一致；唐河和确山比较靠南，两者纬度基本相同，而且相距很近（也是百来公里），两者语法现象也不一致。这更说明，相近的地点语法现象不同，南北距离遥远的反而相同。这样的分布应该和儿化程度（小称义的磨损程度）等社会现象相关，南北纬度差异只是表象。笔者认为，陕县、浚县是 5 种格式对立，宜阳和确山大致是 3 种格式对立，唐河是 2 种格式对立，鉴于方言发展的不平衡性，这种渐变最有可能是由南向北、犬牙交错式的递减的渐变。

据董淑慧（2017），河北孟村方言的形容词短语的儿化和浚县方言比较接近，也有不同。河北孟村方言还有一种形容词短语儿化表示小称（董文称之为主观小量儿化）的格式，是"［程度副词＋A＋儿］"（如"比较矮儿"）。宜阳方言只有"比较低""比较短"，无"比较低儿""比较短儿"这样的格式与之形成对立，也没有董文所说的数量短语后加"子"表示主观大量的说法。辛永芬、杨正超等均无此两类报道。

参考文献

施其生　1997《汕头方言量词和数量词的小称》，《方言》第 3 期。
张邱林　2003《陕县方言的儿化形容词》，《语言研究》第 3 期。

贺巍　2005《中原官话的分区（稿）》,《方言》第 2 期。
林华勇　2005《广州廉江方言助词研究》,中山大学博士学位论文。
辛永芬　2006《浚县方言语法研究》,中华书局。
刘春卉　2007《河南确山方言中的"（有）多 A"与"（有）多 A 儿"——兼论普通话中被"中
　　性问"掩盖了的"偏向问"》,《语言科学》第 5 期。
陈安平　2009《宜阳方言虚词研究》,中山大学博士学位论文。
杨正超　2013《中原官话唐河方言形容词短语儿化研究——兼与其它次方言同类现象比较》,
　　《暨南学报》第 2 期。
董淑慧　2017《河北孟村方言形容词短语的主观小量儿化》,《中国语文》第 2 期。

沭阳方言的一种"得"字句

郝红艳

提要：本文详细描写了沭阳方言中的"得"字句的使用范围，并与普通话中的"了"做比较，论证"得"是一个表完成的半虚化的准体貌助词，同时追溯汉语史的"得"在沭阳方言这个共时平面中的历史遗留。

关键词：沭阳方言"得"字句；体貌助词

沭阳县位于江苏省北部，是全国闻名的花木之乡，也是历史名人虞姬的故乡。总面积2298平方公里，人口177万，是江苏省人口最多、陆域面积最大的县份。沭阳区位独特，1996年起隶属宿迁市，地处苏、鲁、皖三省和徐州、淮安、连云港三市大小三角中心。从《中国语言地图集》（2012）上看，处在中原官话与下江官话的分界线的南侧，根据语言特征，将其归入江淮官话洪巢片。

沭阳方言中有一种"得"字句，如：

(1) 我钱包掉得。（我的钱包丢了。）
(2) 他吃过得。（他吃完了。）
(3) 碗打破得。（碗打破了。）
(4) 苹果红得。（苹果红了。）
(5) 他睡醒得。（他睡醒了。）
(6) 昨晚星格①我吓死得。（昨天晚上把我吓死了。）
(7) 苹果我吃得。（苹果我吃了。）
(8) 天黑透得，他才上大堆。（天黑透了，他才下了河滩。）
(9) 他跟苹果吃得。（他把苹果吃了。）
(10) 等雨停得再走。（等雨停了再走。）

从语义上看，以上各例句中的"得"都可以对应于普通话中的"了"，表示动作或结果状态的完成。本文想讨论的一是以上句中的"得"是否相当于普通话的

---

① 下加波浪线表示选用方言中的同音字代替。

"了";二是以上句子中的"得"算不算体貌标记,如果算,其来源又是什么。

一、沭阳方言"得"字句的使用

(一)"NP+(状)+V得"结构

"NP+(状)+VP得"结构在沭阳方言中,是较为常用的一种句式。如:

(11) 苹果我吃得。(苹果我吃了。)
(12) 我钱包掉得。(我的钱包丢了。)
(13) 饭早做得。(饭早做好了。)
(14) 房子已经盖得。(房子已经盖好了。)
(15) 他头晌就走得。(他昨天就走了。)
(16) 雨停得。(雨停了。)
(17) 孩子睡得。(孩子睡了。)
(18) 我家老奶病得。(我的奶奶病了。)

该结构中的动词主要是单音节动词,可以是变化动词,如"死、停、变",可以是动作动词,如"吃、盖、买",也可以是状态动词,如"睡、病、醉"。"得"用在动词后面,位于句末,表示动作、变化或状态本身的完成。"VP"前可以有副词充当状语,如"早、已经、就"等。

(二)"NP+VC得"结构

先看例句:

(19) 苹果我吃了[liau^{33}]得。(苹果我吃完了。)
(20) 我钱包掉房间得。(我的钱包丢在房间里了。)
(21) 饭端过去得。(饭端过去了。)
(22) 碗打坏得。(碗打破了。)
(23) 他吃过得。(他吃完了。)
(24) 昨晚星格我吓死得。(昨天晚上把我吓死了。)
(25) 他睡醒得。(他睡醒了。)

"NP+VC得"结构中,"得"只能用于"VC"结构之后,如果补语是由趋向动词构成,"得"也不能置于补语之前。如普通话可以说"饭端了过去"或"饭端过去了",但沭阳方言中只能说"饭端过去得。"由于"VC"结构实际上已表示完结①了,句末的"得"似乎较"NP + V 得"结构中的完结义要虚,在句中有足句和陈述的作用。"得"用在句尾且用于"VC"之后,语义发生了虚化。

(三)"NP + A 得"结构②

(26) 苹果红得。(苹果红了。)

(27) 脸都白得。(脸都白了。)

(28) 鞋烂得。(鞋烂了。)

(29) 快洗头,头臭得。(快洗头,头臭了。)

"NP + A 得"结构中的形容词,绝大部分是"热、凉、大、小、白、旧、短、远、紧、松、熟、老、稠、贱(便宜)、贵"等表示变化意义的形容词。这些形容词在自然或外力的作用下,有的变化可逆。如鞋带可"紧"可"松",价格可"贱"可"贵"。但某些具有单一变化方向的形容词,如"饭"可越来越"熟",但却无法越来越"生"。可以说"饭熟得",不能说"饭生得"。"得"在形容词后表示性状的完成。

(四)"NP + V_1 得 + VP_2"结构

此结构中的"得"明显表示"完成",VP_1 完成后紧接着发生 VP_2。例如:

(30) 等雨停得再走。(等雨停了再走。)

(31) 饭吃得上学堂。(饭吃了去学校。)

(32) 等他们走得再弄饭吧!(等他们走了再做饭吧!)

(33) 跟肉切得再炒菜。(把肉切了再炒菜。)

---

① 梅祖麟(1981:74)认为:"一件事总要完成后才能有结果,所以结果补语既表示结果,也必得同时表示完成。"

② 沭阳方言中的"得"还可以用在"NP + AC 得"结构中,如:
(1) 天黑透得,他才上大堆。(天黑透了,他才下了河滩。)
(2) 我歇心哪,瘦了 [liau³³] 得!(我的小心肝呀,瘦死了!)
(3) 他家穷死得!(他家穷死了!)
(4) 介家东西贱多得!(这家的东西便宜多了!)

"NP + AC 得"结构中的"AC"为程度补语,"得"在句末强调程度的加深,有感叹的语气。这种"得"与普通话中置于感叹句末的"了"相当。金立鑫(1998)称"$了_4$"这种句子的谓语中总是有程度副词相伴。不过这种"了"只表示语气,不同于表事态变化的"$了_2$",不能表示体意义。正因如此,我们认为,沭阳方言中这种表感叹语气的"得"和我们想要讨论的"得"不同。

（五）在句末跟"没"连用组成"没得"，构成反复问句

例如：

（34）他来没得？（他来了没有？）
（35）你参观没得？（你参观了没有？）
（36）你上城里没得？（你去城里了没有？）
（37）你衣服拿没得？（你的衣服拿了没有？）

"没得"中"没"表示否定，"得"表示肯定，"没得"在这里相当于普通话的"了没（有）"。

二、沭阳方言中的"得"与普通话的"了"的比较

通过对沭阳方言中的"得"的使用范围的描写，我们发现例句中的"得"都可以对应于普通话中的"了"。但是，反过来，是不是普通话的"了"也都可以用沭阳方言的"得"来代替呢？

普通话中用在动词后宾语前的或用在连动句中第一个动词后的为"了$_1$"，试比较：

普通话	沭阳方言
凤姐洗了手，换了衣裳，问他换不换。	凤姐洗过手，换过衣裳，问他换不换。
我下午吃了三个苹果。	我下晚吃三苹果。
我打破了一个碗。	我打破一个碗。
房子的墙角全发了霉。	拐拐国滑霉得。
等孩子睡醒了去学校。	等孩子睡醒得去学堂。
切了肉再炒菜。	肉切得再炒菜。

通过比较可发现，普通话的"了$_1$"在沭阳方言中要么省去不用，要么用"过"表示。沭阳方言的"霉"可作动词，意思是"长毛、发霉"，不带宾语。"切得肉"在沭阳方言不可以说，可将受事宾语"肉"提前作主语，"得"用于动词"切"后。

普通话的"了$_1$"可出现在"动+了+时量补语"结构中。由于动词类别不

同,可表示不同的意义。如"死/等/看/挂了一个月"。"死"类动词表示动作达到某种消极结果之后经历的时间。"等"类动词表示由于动作持续、反复而消耗了一段时间。"看"类、"挂"类有两种意义:既表示由于动作持续、反复而消耗了一段时间,也表示动作达到某种消极结果之后经历的时间。(马庆株,1992:28)

对比沭阳方言,"得"在这类结构中只能放在非持续性动词"死"类之后,"死得一个月"表示动作达到某种消极结果之后经历的时间,如"死等看挂得一个月",这几类都不能说。也就是说,与"得"组合的动词是具有选择性的,只是表示动作的完结,不能像普通话的"了₁"那样表示事态实现后的持续义。

普通话的"了₂"一般用在形容词或体词的后面,表示一种情况或状态的变化,如:

普通话	沭阳方言
天气冷了。	天冷得。
这个人坏透了!	介人坏透得!
春天了,花开了。	春天得,花开得。
上课了,快进教室!	上课得,快进教室!
星期二了。	星期二得。

普通话中如果句子以动词或形容词结尾,那么句末的"了"是"了₁+了₂",如:

普通话	沭阳方言
饭吃了,钱也付了。	饭吃得,钱也给得。
头发白了,人也老了!	头发白得,人也老得!
这些事情老三都跟我说了。	介些事情老三都对我说过得。
你来晚了,罚三杯酒!	你来晚得,罚三杯酒!

这些句末的"了"不仅表示动词(或形容词)所述的动作(或变化)的"完成",而且表示谓语所述的情况作为一种新情况的"实现"。朱德熙(1999:209)曾指出,"如果句尾'了'前边是动词,这个'了'可能是助词,也可能是动词后缀'了'和助词'了'的融合体"。在沭阳方言中均可以用"得"表示。

通过以上对比,我们发现沭阳方言中的"得"既不能放宾语前,也不能放宾语后,比普通话的"了"使用范围要小得多。那么,我们能不能把"得"看作表完成的体貌标记呢?

三、"得"是一种完成体标记

传统上认为"了"是典型的完成体助词,但通过比较发现,英语的"完成"与汉语的"完成"存在差异。汉语的形态变化少,所谓的"词尾"或"动态助词"之类也不是真正的形态标记。有的甚至还存词汇意义,如表动作完毕义的"过₁"。因此,沭阳方言中的"得"虽然不能完全与普通话的"了"相对应,但从所处的句法位置以及体现的语法意义来看,仍可把它看作一种"体貌标记"。理由有如下四点。

第一,"得"具有定位性、粘着性。施先生(1995:116)指出,"汉语中的绝大多数的虚成分都是定位的粘着语素"。实语素即使不单用,也不会有定位性。沭阳方言中的"得"只能粘附在动词、形容词之后,如:

(38) 我钱包掉得。|苹果红得。|等雨停得再走。

还可以粘附在某些述补式之后,如:

(39) 碗打破得。|他睡醒得。|盖好得。

第二,"得"的语义已发生虚化,具有修饰性的语义功能。

虚成分都具有一定的语法意义,修饰性的虚成分为被粘附的成分增添上某种修饰或限制的意义,并不改变被粘附成分的功能类型。(施其生,1995:117)总的来说,沭阳方言的"得"只能用于下列情况。

1)用在静态动词或性质形容词之后,表示事物从一种状态进入了另一种状态。如"脸色变得"。

2)用在不及物动态动词之后,表示动作行为已经发生或开始。如"小王走得"。

3)用于及物动词之后,但动词前的名词一定是受事的,且作为动词的陈述对象或处置对象,表示受事所处状态的变化已完成。如"苹果吃得"。

4)用于及物性粘合式述补结构之后,受事主语只能出现在动词之前,表示受事所处状态的变化已完成。如"碗打破得"。沭阳方言中也有表示动作完毕的"过",与"过"相比,"得"的语义更加虚化。如"他吃过得"。"得"与"过"同现时,只能用于"过"之后而非相反,可见"得"的虚化程度较高。

第三,可用"没"来检验。梅祖麟(2000:75)在论证动补结构的结果补语含有完成貌的语法意义时,提出"现代汉语可以用'没'来判别某种动词是否含有完成貌"。现代汉语完成貌的否定式用"没"或"没有",例如"吃了饭"的否定式是"没吃饭"。沭阳方言中的"得"字句的否定式,均用"没"来表示。如"我钱包掉得——我钱包没掉"。并且沭阳方言中的"得"还可以跟"没"构成反复问句,其中"没"表否定,"得"表肯定,相当于普通话的"V了没有?",如"他来没得?"。

第四,某些汉语方言的完成体标记与沭阳方言的"得"表现类似。从目前已报道的完成体标记看,同属江淮官话的安徽芜湖清水方言、江苏涟水南禄方言中,也有用"得"作为完成体标记的情况。如:

(40) 格担菜洗得走。(这担菜洗了再走。)
(41) 堂屋里扫得玩去。(客厅扫了再走。)
(42) 饭烧得者才家去第。(饭烧好了才回家了。)
(43) 钱掉得者。(钱丢了。)
(44) 句话没说就走得咧。(一句话没说就走了。)
(45) 把双鞋卖得咧。(把那双鞋卖了。)①

虽然文章中没有详细考察"得"的使用情况,但从作者所举的例句中,可以看出与沭阳方言的"得"的语法意义极为相似。不过这两个地方言的"得"后,还加了其他助词,如"者""咧"等。②

笔者发现,与江淮官话相距甚远的福州方言,有一个表完成的体貌标记"咯",其用法与沭阳方言的"得"完全相同。陈泽平(1996:225)详细地描述了福州方言中"咯"的用法,指出"咯"在分布上最大的特点是与动宾结构不相容;"咯"一般不出现在"动词+宾语"的短语后面,也不能插在动词和宾语之间。不论动词本身(或动补结构)是及物的还是不及物的,后附上"咯"就不能再带宾语。沭阳方言中的"得"也是如此。普通话动宾之间的"了₁"在沭阳方言中,要么省去不用,要么用"过"表示,"得"与动宾结构也是不相容的。福州方言中"咯"所在的受事主语句不能像普通话的受事主语句、"把"字句和"被"字句那样变换为"施事+动词+了+受事"的句式。沭阳方言中的"得"也有这样的特点。例如:

---

① 前四个例句为安徽芜湖清水方言,见李木子(2006:39);后两个例句为江苏涟水南禄方言,见王健、顾劲松(2006:238)。
② 李木子(2006)认为,"得"最初应该是由吴语中动词"脱"演变来的,保留了用作结果补语的动词的痕迹。

普通话：饭吃了→吃了饭　　我把苹果吃了→我吃了苹果
沭阳方言：饭吃得→*吃得饭　我跟苹果吃得→*我吃得苹果

沭阳方言不能把受事主语句变换为"施事＋动词＋了＋受事"这样的句式。但上面例句中的处置句变换为"苹果我跟吃得"——一种处置介词"跟"后可以不出现宾语的"无宾处置句"；普通话中却不能这么变换："*苹果我把吃了"。

四、汉语史上"得"字句的遗留

汉语的形态标记通常都是从词汇形式逐步演化而来的，实与虚之间并不是断然分开的，而是一个渐变的连续体。即使来源相类，甚至体貌标记相同，这些形态标记在不同方言中的虚化程度也可能不一致。

沭阳方言"得"字句的使用有着种种的限制：与动宾结构不相容；除了连动句式"得"只能用于句末；只能用在动词、形容词、动补式之后，如果补语由趋向动词构成，"得"也不能置于补语之前。为什么会出现这种限制？这要从历史语法的角度来考察。

关于福州方言中的"咯"，陈泽平（1996：227）认为是古汉语"去"演变来的。但溪母的"去"不大可能演变为[t]音，本着语音近似大于语义近似的原则，我们认为：沭阳方言的这个"得"与汉语史上曾有过完成义的"得"应该有某种关系。之所以这样认为，是因为沭阳方言中没有"V 得 C"这种述补结构的可能式，"V 得 C"在沭阳方言中均用"能 VC"来表示。①

汉语中的助词"得"，一般认为是由本义"获得、得到"逐渐演变而来的。汉代开始，"得"字分别沿着"获得""可能"两种意义逐步虚化，最终虚化成结构助词。其中表"获得"义的"得"用在动词后作补语，开始虚化表动作的完成。"得"字句在逐渐虚化的道路中曾具有以下特点。

1）"得"字句的谓语从这种句式产生以来一直以单音节为主，双音节的始终是少数。南北朝和唐代"得"字产生初期，谓语中心词都是动词，而且绝大多数是单音节动词，但其实远在唐代，汉语双音节词就已经非常丰富了。"得"对前面的动词有所选择，但唐中叶以后，这种限制放松了，后面出现了宾语（杨建国，1959：46）。形容词作"得"字句的谓语晚于动词，最早见于宋代，开始都是单音节的。由此可知，"得"字句对动词有一定的选择性。

---

① 也许是沭阳方言中"V 得 C"结构的空缺，才使"得"作为一种完成体标记出现在动词之后。也可能是"得"表示了完成的意义，而没有发展为表可能补语的"V 得 C"结构。

2)"得"字句同"把"的结合始于金元时期。同"把"字句的结合对"得"字句的结构产生了一定影响,使"得"后的名词(或是宾语,或是主谓结构补语的主语)提到了动词的前面,产生"把 OV 得 C"结构。

3)元代开始,表可能的动补结构才大量增加,明清之后可能补语方确定地位。

联系到沭阳方言中"得"的用法,似乎可以从汉语史上找到一些依据:沭阳方言中"得"字句主要用于单音节动词、形容词之后,并且与动宾结构不相容。也许与历史上"'得'字产生初期,谓语中心词都是动词,而且绝大多数是单音节动词。'得'曾对前面的动词有封闭作用"这些特点有关。果真如此的话,那么沭阳方言的"得"字句产生的年代应该比较早。由于这种"得"字句在沭阳方言中的使用频率较高,是常见句式,那么必会对元代才大量出现的表可能的"得"的动补结构产生排斥作用,致使沭阳方言中的"V 得 C"只能用"能 VC"来表示。

沭阳方言中的"得"常用于句末,当与"了"连用的时候,"得"更像是结果补语。如"饭吃得了"。但当"得"与表完成的"过"连用时,只能放在句末。如"饭吃过得"。可见三者的虚化程度各不相同,由实向虚的程度依次为:过 > 得 > 了。"得"字句中的"得"已失去了"获得、得到"的意义,与"认得、记得"中的"得"完全不同,当地人也不认为这两个"得"有同样的意义。"得"可以表示动作的完成、状态变化的完成。因此,"得"的性质介于体助词与体语气词之间,是半虚化的准体貌助词。也许"了"的出现,使"得"在向体貌标记虚化的道路中没有走完。

参考文献

陈泽平　1996《福州方言动词的体和貌》,《动词的体》,香港中文大学中国文化研究所。

马庆株　1992《汉语动词和动词性结构》,北京语言学院出版社。

金立鑫　1998《试论"了"的时体特征》,《语言教学与研究》第 1 期。

李木子　2006《芜湖清水方言语法的完成体》,《唐山师范学院学报》第 3 期。

刘翠香、施其生　2004《山东栖霞方言相当于普通话"了"的虚成分》,《语文研究》第 2 期。

刘丹青　1996《东南方言的体貌标记》,《动词的体》,香港中文大学中国文化研究所。

刘祥柏　2000《汉语方言体貌助词研究与定量分析》,《中国语文》第 3 期。

梅祖麟　2000《现代汉语完成貌句式和词尾的来源》,《梅祖麟语言学论文集》,商务印书馆。

施其生　1995《论广州方言虚成分的分类》,《语言研究》第 1 期。

施其生　1996《汕头方言的"了"及其语源关系》,《语文研究》第 3 期。

王健、顾劲松　2006《涟水(南禄)话量词的特殊用法》,《中国语文》第 3 期。

杨建国　1959《补语式发展试探》,《语法论集》(第三集),中华书局。

岳俊发　1984《"得"字句的产生与演变》,《语言研究》第 2 期。

朱德熙 1999《语法讲义》，商务印书馆。
中国社会科学院语言研究所、中国社会科学院民族学与人类学研究所、香港城市大学语言资讯科学研究中心 2012《中国语言地图集》，商务印书馆。

桃李芳菲

四川省南部县（城区）方言的语气词

谢小丽*

南部县（城区）方言属四川方言的川东片。因为是北方方言区，语法特征与普通话有很大程度的相似之处，但是，作为方言语法的一个重要方面，南部方言的语气词却有许多值得研究之处。

语气词是语气表达的重要手段之一。目前，南部方言的语气词研究可以说还是一片空白。本文试图采用传统的描写法，对南部县（城区）方言的语气词做些粗略的研究。

南部县（城区）方言的语气词可以分以下两组。

（1）事态语气词：本文指的是带有体貌色彩的语气调。这种体貌色彩，指由整个事件所构成的过程的状态，我们称之为"事态"。事态语气词位于句末，南部方言的事态语气词有两个："啰（lo）""□［tso］"。"啰"表实现态，"□［tso］"表先行态。

（2）一般语气词：本文指没有体貌意义，只表示一般意义上的语气的语气词。南部方言的一般语气词有"的［tiɛ］" "吵［sa］" "哎［æ］" "嘿［mɛ］" "□［sæ］" "嘛［ma］" "舍［sɛ］" "哈［xa］" "哟［io］"。其中，"吵" "□［sæ］" "哟" "哈"只能用于句末，"哎" "嘿" "嘛"可用于句末，也可用于句中，"舍"只能用于句中。

此外，本文还对南部方言的某些语气词进行了溯源的研究，并从语气意义的角度粗略整理了南部方言语气表达的各种方式。

本文只是南部方言语气词研究的开篇，许多问题还有待日后继续研究。

---

* 中山大学中文系1996级硕士研究生。专业：汉语言文字学。指导教师：施其生教授、李炜副教授。

南宁平话体貌标记"了""住""过"研究

杨敬宇[*]

南宁平话属桂南平话,主要分布在南宁市郊区,以亭子乡的平话为正宗。近年来,对平话的研究陆续展开,但涉及语法方面的不多。

笔者对南宁平话的调查在南宁市区及市郊进行,共采访发音人9名。调查包括两方面:一是了解南宁平话体貌系统的基本面貌,二是考察体貌标记"了""住"和"过"的使用情况。本文对这三个体貌标记进行了共时描写,分析结果如下。

1)"了""住""过"在语义上已经虚化,附着在动词或动词结构之后表示动作(事件)的过程,语音也发生了一定程度的轻化。

2)"了"按在句子中的分布不同分为"了$_1$""了$_2$"和"了$_3$"。"了$_1$"直接跟在动词或动补结构的后面,表示动作的完成,是完成体的标记,在否定或疑问句中则用"中"或"到"表完成;"了$_2$"只出现在连谓句或顺承复句中前一个动作的后面,它在动宾结构后,承接下一个动作,表示事件的结束,是结束体的标记;"了$_3$"基本上不单独出现,它位于句子的末尾,后面总是带上语气词"呃[ə˦]"或"喇[la˦]",肯定情况已经出现变化,是实现体的标记。"了$_2$"和"了$_3$"是两个处于中间地带的标记,其语法性质和功能都有一定的模糊度。

3)"住"在动词的后面,表示动作的一种持续的状态,是持续体的标记,但有时也兼表动作进行,在进行体的范畴里与粤方言词汇"紧"混用。口语里有"V+住+处所名词"的句式。

4)"过"按意义不同分为"过$_1$"和"过$_2$"。"过$_1$"紧跟动词,表示动作已经经历过了,是经历体的标记;"过$_2$"也是紧跟在动词后面,表示这个动作的重新进行,是重行貌的标记。用"过$_1$"的句子的陈述性较强,而用"过$_2$"的句子祈使性较强,它们的区别表明主观和客观之分确实是体貌区别的一个重要标准。

调查表明,南宁平话确实存在体貌系统,"了""住""过"是最常用的体貌标记,它们表现出的意义与形式之间的关系相当复杂:一个标记有几种语法意义,不同的标记可以表示相同的语法意义,有时标记省略也不影响意义的表达。

关于桂南平话的归属,方言学界一直有争论,一般认为平话是一个独立的方言,桂南平话是属于平话的,不是粤方言的一支。本文将南宁平话"了""住"

---

[*] 中山大学中文系1996年级硕士研究生。专业:汉语言文字学。指导教师:施其生教授、李炜副教授。

"过"的使用情况与宋代语料进行比较,从语法角度为这一观点提供了一些证据。不过由于南宁白话在这一地区有绝对优势,随着其影响的进一步扩大,南宁平话可能会越来越向粤语靠拢。

关键词:南宁平话;体貌系统;体貌标记;"了";"住";"过"

利川话体貌研究

陈玉芬*

利川话属于西南官话，主要分布在利川市境内。目前，人们对利川话的研究仅限于语音、词汇，而很少涉及语法。

本文详细考察利川话的体貌全貌，并重点考察利川话的"持续体""完成体"和"先行体"的语法表现形式，然后以表现体貌意义的语法形式为线索，展开对利川话体貌的全面描写和分析。通过调查分析，我们有如下发现。

1)"嗒"是一个虚化得相当彻底的动态助词。根据"嗒"在句中的分布以及各自所表示的语法意义，可以分为"嗒$_1$""嗒$_2$"和"嗒$_3$"。"嗒$_1$"直接跟在动词或动补结构的后面，表示动作的完成；"嗒$_2$"只出现在表示前后相承的两件事的连动式谓语或紧缩复句中，放在前一谓语之后，表示前一事件的终结；"嗒$_3$"作为"已然体"的标记，总是位于句末，肯定事态已经出现变化或即将出现变化。

2)"在"和"住起"主要附加在动词前后，表示行为动作本身的持续；"起""的""倒"和"倒起"主要附加在动词之后，表示状态的持续。

3)"先行体"用"着"或"来"表示。"着"和"来"总是出现在句末，可以看作"体语气词"，主要用来表示在另一动作行为或事件进行之前，让某一动作行为或事件率先进行。

4)"过"主要附加在谓词之后，表示经历过什么事情。

5)"起来"附加在谓词后，表示某种动作开始进行或某种状态开始出现。

6)"短时貌"和"尝试貌"在利川话中都是通过在动词后附加"下"来表示。"尝试貌"除了用"下"表示，还可以用"看"表示，或者用"下"和"看"结合起来表示。

7)"反复貌"主要表示动作的反复进行，在利川话中用"V啊V的"这种方式表示，"啊"遵循在普通话中的变读规律。

调查表明，利川话存在体貌系统，各种体貌意义基本上都有各自的语法形式来表示。但是，也存在语法形式与语法意义无法一一对应的情况，即同一种语法意义可以用不同的语法形式来表示，如"持续体"，而不同的语法意义又可以用同一语法形式来表示，如"短时貌"和"尝试貌"。通过分析，我们发现不同的语法形式

---

* 中山大学中文系2000级硕士研究生。专业：汉语言文字学。指导教师：施其生教授。

表示相同的语法意义,与谓词的类别以及句型存在密切的联系。

关键词:西南官话;利川话;体貌研究

湘潭话中几种补语句的研究

丁健纯*

湘潭话中的补语句较普通话而言有自己的特色，主要表现为在一些普通话中作状语的成分在湘潭话中充当了补语的角色，普通话中的一些"动补宾"格式和某些"把"字句、重动句、复句等形式在湘潭话中采用"动宾补"表达形式，以及一些用词特殊的补语句。本文运用语义、句法等方面的理论对湘潭话中的六种补语句做了比较全面的描写和分析，并且从共时的角度，利用层次分析、变换分析等方法对湘潭话和普通话之间以及湘潭话内部的相似句式进行比较分析，从历时的角度对可能补语句进行追根溯源。研究发现，湘潭话以及湘方言较多地保留了古代汉语和近代汉语的某些语法特点，从语用的角度来看，存在一种"修饰性成分后置——句末信息焦点"的现象，这些发现将有助于我们建立湘方言的类型学特征。

关键词：湘潭话；补语句；"动（宾）补"；语义；句法；语用

---

* 中山大学中文系 2000 级硕士研究生。专业：汉语言文字学。指导教师：施其生教授。

韩汉等差比较句对比研究

刘妍京[*]

韩语"보다"句和汉语"比"字句在两种语言中的出现频率都比较高，是韩语和汉语中非常重要的两种句型。它们在语义上都表示不同事物的程度高低或者同一种事物在不同时期的性质或状态的变化。另外，这两种句型在语法功能、句法形式和句法类型上又存在不少相似和相异的地方。两者相似或相同的地方有利于韩国留学生学习汉语"比"字句，即形成所谓正迁移；而两者相异或存在细微差别的地方，容易造成学习者的母语负迁移。

本文力图通过比较韩语"보다"句和汉语"比"字句在语义、功能和句型上的特点，揭示两种语言差比句之间的差异，从而探讨留学生学习过程中偏误形成的原因，并提出一些解决方法。

论文第一章为前言，主要介绍研究范围、选题目的、研究方法、研究意义及语料来源。第二章将韩汉差比句分为四个主要结构成分，并分别考察对比它们的特点，着重考察分析两者的差异之处。第三、第四章主要从句型分类方面对韩汉差比句进行对比分析。第三章根据形式上的特点，把韩语的"보다"句分成14类，把汉语的"比"字句分成12类，并从形式和语义两方面进行考察。第四章对在句型方面相近的韩汉差比句进行对比。第五章为结语。

关键词：比；보다；比较主体；比较对象；比较值；比较差值；比较项

---

[*] 中山大学中文系2000级硕士研究生。专业：汉语言文字学。指导教师：施其生教授。

胶州方言的儿化及相关的声韵特点

牟晓龙*

一种语言或方言的语音具有非常强的严整性和系统性，其中出现的某些系统性的语音变动现象往往有其内在的演变机理。通过考察这些现象并探究其中的演变机理，有助于进一步了解这种语言或方言的发展阶段及发展趋势。

胶州方言的儿化及由此引起的声母和韵母的变动现象很有特点。儿化过程中，不仅韵母体系发生系统性的调整，声母体系也出现有规律性的变动。声母的变动和韵母的变动之间存在密切的联系。

本文通过对胶州方言的儿化及相关的声韵特点的考察，意在探讨和分析引起儿化变音现象的内在机理，进而加深对胶州方言的了解，增加对汉语语音演变规律的认识。

经过对胶州方言中的儿化现象的考察，本文认为本方言在儿化变声方面存在翘舌化儿化变声和闪音化儿化变声两种形式，具体包括"tʃ、tʃʻ、ʃ→tʂ、tʂʻ、ʂ"、"t、tʻ、n→tɾ、tʻɾ、nɾ"等六种类型；在儿化变韵方面，儿化音节对韵母各部分主要存在"洪音化""央化"和"弱化"等系统性要求。

通过考察和分析，本文主要有这样一些收获。

1）胶州方言中，儿化既能够使韵母的韵头、韵腹和韵尾等各个部分发生不同形式的变化，又可以使声母出现多种类型的有规律性的变动。这是与汉语普通话及其他很多汉语方言的不同之处。

2）儿化的翘舌动作，是引起胶州方言儿化过程中各种变音现象的最重要的原因。它直接引发韵母的变动，并对声母产生直接或间接的影响。

3）介音在胶州方言的儿化变音过程中起着重要作用。[i] 和 [y] 两个介音同儿化变声和儿化变韵都有十分密切的关系。

4）儿化是语音演变的重要方式和突破点，在语音演变中扮演重要的角色，儿化语音是整个语音体系的重要组成部分。因此，研究语音演变，必须研究儿化及与其相关的声韵特点。

---

* 中山大学中文系 2000 级硕士研究生。专业：汉语言文字学。指导教师：施其生教授。

5) 对汉语方言儿化现象的研究，应当注意系统性。既要研究儿化对韵母的影响，也要研究儿化对声母以及声调的影响。

关键词：胶州方言；儿化；音变；演变机理

吉林梨树方言的代词研究

曹凤霞*

本文对吉林梨树方言的代词系统做了详细的考察和描写。首先，对新中国成立后国内汉语方言代词研究做了评述，从总体上把握代词研究的状况及研究特点。其次，对梨树方言的人称代词、指示代词、疑问代词系统做了详尽的描述，着重从语法、语义及语用平面对梨树方言代词系统中的具体语言现象进行了探讨。

一是从语言事实出发，对梨树方言的代词形式的基本面貌做了详尽的描写。在人称代词部分，主要列举了梨树方言人称代词的各种形式，分组介绍各人称代词的基本意义用法，并通过与普通话的相应人称代词的比较，描绘出梨树方言人称代词的概貌。在指示代词和疑问代词部分，列举了丰富多样的各种同义结构，并阐释其在句法中的作用。

二是针对各类代词的特殊语用现象做了归纳、概括和分析，并从语用平面探求和解释句法形式所存在的不同，以论证各种形式之间相区别的机理，追寻历时、共时演变轨迹。主要包括"己称代词"多种形式的分化，即通过其先行词不同位置的定性，运用语用上的管辖语域内受约束及长距离约束理论，对"己称代词"内部形式进行分化，其他还涉及人称单复数、定指、回指、照应指及跟在"指人"或"非指人"名词后等一系列条件来分化其各种形式用法的不同；"人称代词在语用中的转义"，如虚指、任指、人称和数的转换，特别是"人家"的多指化；指人或事物的指示代词"这""那"意义的虚化，即指示意义虚化为类似表示有定的冠词意义和无指标记、称代意义虚化为泛称代和连接意义以及"这""那"指示功能的扩展，具有削弱动词性的功能，可以看作弱化谓词的标记。

三是对梨树方言代词系统中有特色的现象做了专题讨论。如关于人称代词的词缀"家""们"及相关虚语素"家"的探讨；"家"的语源情况；人称代词在句末位置上重复现象的语义、语用分析等。一方面，从历时角度探询某些现象的历史渊源，为整个大方言的研究提供一些佐证；另一方面，从共时角度对方言系统中出现的特殊代词语用现象做考察及分析，为进一步探询代词在句法中的发展轨迹提供一

---

* 中山大学中文系2001级硕士研究生。专业：汉语言文字学。指导教师：施其生教授。

些模式及思路。

关键词：梨树；方言；表现形式；语法功能；语用功能

长沙方言体貌标记"咖"和"哒"的研究

黄磊*

本文试图为长沙方言的体貌标记"咖"和"哒"正名,并从方言的角度为汉语体貌范畴的研究和界定提供一些新的思路和例证。文章立足于语言事实,从句法结构、语义内涵、语用功能三个平面的角度对这两个体貌标记进行了详尽的考察和分析,并结合使用条件、时间轴上的表现等方面深入探讨了二者体意义上的差别,从而论证长沙方言的体貌标记"咖"表完成体,"哒"表实现体。笔者从系统的观点出发,以动词的语义特征为考察基础和重点,同时兼顾其他句法成分的重要选择和制约作用,证明了完成体和实现体为不同层级的两个体范畴概念,于论证过程中指出并解释体貌标记"哒"跨类表持续体的现象为表面假象,其实质的语法意义还是表实现。

关键词:长沙方言;咖;哒;体;完成;实现

---

* 中山大学中文系 2001 级硕士研究生。专业:汉语言文字学。指导教师:施其生教授。

即墨方言的体貌系统

姜华华 *

  本文主要描写和分析了即墨方言的体貌系统及其相关的形式。文中"体貌"的意义是广义的,它不是仅仅针对动词而言,而是对被黏附的动词、词组甚至于句子所表达的动作或事件的过程来说的,如经历体的体标记事态助词"来"、已然体的体标记"了"等。同时,在对方言体貌相关形式的研究中,特别对特殊词"来"和"了"做了重点研究:"来"在即墨方言中可以作动词、事态助词和语气词。关于事态助词"来",本文对其语法化过程进行了研究,分析了事态助词"来"和语气词"来"的区别,并对"来"的几种复合形式做了相应的描写和阐释,即墨方言的"了"可以作动词和助词,它的用法要比普通话的丰富得多。文中详细描写了它的六种用法并对形式相同的不同用法做了区分,对"了了"可能表示的五种意义进行了归类。

  关键词:体貌;了;来;了了;语法化;复合形式

---

* 中山大学中文系 2001 级硕士研究生。专业:汉语言文字学。指导教师:施其生教授。

新宁方言体貌研究

李梦飞*

新宁方言属于湘方言。本文研究新宁方言体貌系统，重点研究完成体、持续体和先行体的语法表现形式，以表现体貌意义的语法形式作为线索，对新宁方言体貌系统进行描写和分析。本文的体貌包括由谓词内在语义特征构成的情状类型、由"起来、下去"等半虚化成分以及更为虚化的"着、了、过"等表示的各种语法意义，通过对具体问题的考察来构建新宁方言的体貌系统。从系统的角度分析新宁方言体貌的句法语义特征，从话语的角度探寻体助词的功能。

通过研究我们发现，新宁方言的各种体貌意义基本上都有各自的语法形式。但是，也有语法形式与语法意义无法一一对应的情况：同一种语法意义可以用不同的语法形式来表示；不同的语法意义又可以用同一种语法形式来表示。我们发现，不同语法形式表示相同的语法意义与谓词类别以及句型有密切的联系。

关键词：湘方言；新宁；体貌研究；语法

---

* 中山大学中文系 2002 级硕士研究生。专业：汉语言文字学。指导教师：施其生教授。

汕头方言中性问句的多角度研究

郑婧敏[*]

本文在对潮汕地区 16 个方言点进行实地调查的基础上，从多个角度对汕头方言的中性问句进行研究。文章主要分六个部分。第一部分简要介绍了汕头方言的有关背景及中性问句的研究现状。第二部分描写分析汕头方言中性问句的语法结构、类型及不同类型中性问句的分布条件，在此基础上归纳出汕头方言中性问句的两大特点：一是"K－A－VP""A－VP－（啊）－VP""A－VP－A－（啊）－N""A－（VP）－N－（VP）"各种类型中性问句共现甚至混合；二是中性问句的 VP 前一段需要加一个助动词，这些助动词构成一个极富特色的助动词系统。第三部分针对中性问句的助动词系统展开讨论，认为其在中性问句的构成、功能等方面都发挥了重要的作用。第四部分着重从语义、语用角度将汕头方言的两个中性问句常式"A－VP－（啊）－N"和"K－A－VP"进行比较，指出这两个中性问句常式与无强调标记的肯定是非问句"VP 吗？"，三者虽然疑问构成方式不一，但从功能角度出发应该归为一类；认同"中性问句"这一概念的科学性并明确其内涵。该部分的讨论还涉及了疑问副词"岂"的特点等问题。第五部分总结了整个潮汕地区中性问句的地域分布情况，利用方言中保留的语法化证据探讨了汕头方言中性问句系统的形成及发展，认为"A－VP－（啊）－N"式是一种选择问句和中性问句的过渡句式，是潮汕方言的固有形式，而"K－A－VP"式是从漳州传入，并借着汕头方言形成之机成为一种中性问句的常式，随后逐渐辐射至周边地区的，汕头方言特殊的形成过程还是各种中性问句句式并存和糅合的基础。最后，基于汕头方言的情况，本文对中性问句研究领域的几个问题提出一些看法，如对不同类型中性问句混合的基础进行推导，更进而得出近代汉语与现代方言中的"可 VP"并非是非问句，以及"可是 VP"不过是"可 VP"的一种类型而已等结论。

关键词：中性问句；汕头方言；潮汕方言

---

[*] 中山大学中文系 2002 级硕士研究生。专业：汉语言文字学。指导教师：施其生教授。

江门方言体貌研究

谭颖茹*

  江门话属于粤语四邑次方言，具有与粤语的代表点广州话不同的特点，这些特点在体貌系统中同样有所体现。同时，江门市是五邑地区的政治、经济、文化中心，与广州联系紧密。因此，江门话在保留四邑方言固有特点的同时，容易受到广州话这一区域共同语的影响，从而具有与四邑方言区内其他各点不同的特色。本文详细考察江门话体貌系统的全貌，并重点考察了江门话持续体和实现体的语法表现形式。通过调查分析，我们发现：①江门话的"紧"作进行体标记时，用法与广州话基本相同。此外，"紧"还有一些和广州话不同的用法，例如表示持续体，在动词后表示某种动作招致消极结果，相当于广州话的"亲"。②持续体标记有"住""实""诶"和"紧"，其中"住"和"实"有时遗留一定的词汇意义。受广州话影响，"住"的使用范围不断扩大。③江门话的始续体可能是由广州话借入，不及广州话发达，但是表现出不断向广州话靠拢的趋势。④实现体标记是"诶"，读为 [ə^{33}] 或 [ə^{55}]，前者是固有的读音，后者是受到广州话"咗"影响的后起层次。我们认为，江门话的实现体标记应该有其自身的演变过程，而不是广州话"咗"的弱化。"喇（嘞）"用于句末，大致相当于普通话的"了$_1$"。此外，本文还介绍了江门话的开始体、继续体、经历体、先行体以及短时貌、尝试貌、反复貌和重行貌。

关键词：四邑方言；江门话；体貌系统

---

  * 中山大学中文系 2003 级硕士研究生。专业：汉语言文字学。指导教师：施其生教授。

潮汕方言 "VP – NEG" 中性问句的共时表现和历时蕴含

谢琳琳[*]

本文通过对潮汕闽语区 14 个方言点中性问句的田野调查，发现该地区中性问句的固有句式是 "VP – NEG"。这一句式下有三个次类：①正反选择问句（"VP – 阿 – Neg"）；②正反问句（"VP – Neg"）；③中性是非问句（"VP 么"）。这种层次分明的共时表现在揭阳话里十分典型。

在揭阳方言中，正反问句末的否定词无一例外地发生了后变调，这是词汇意义虚化的一种语音表现，也是句法向形态发展的语法化过程的最初阶段。正反问句末的否定词在语法化以后，功能进一步发展，于是在本应由"唔是""免"等少数助动词充当否定成分的句子里向语气词"么"转化，即②式被③式取代。这个结果从侧面验证了普通话的"VP 吗?"问句来源于早期"VP – Neg"中性问句的观点。

汉语史的研究普遍认为，是非问句脱胎于正反问句是在汉魏六朝。目前在揭阳话里，非中性的命题尚不能进入"VP 么"，表明这个"VP 么"应处于比汉魏六朝更早的历时层次。

调查结果还显示，语法化的发生仅限于正反问句，正反选择问句的句末否定词无一例外地维持本调，更没有向中性是非问转变。这是因为，选择连词"阿"的存在强化了正反的对举，否定成分便获得了与肯定成分同等的地位，从而保留了下来。可见，句式的结构差异左右着语法化的方向。

关键词：潮汕方言；中性问句；语法化

---

[*] 中山大学中文系 2003 级硕士研究生。专业：汉语言文字学。指导教师：施其生教授。

永兴城关话的归属问题

胡斯可*

  永兴县周边环境独特，它位于湖南省东南部，紧邻湘赣边界。地理上与属赣语区的耒阳、资兴、安仁和属西南官话区的郴州接壤。根据《中国语言地图集》的汉语方言分区结果，永兴方言属于耒资片赣语。本文以永兴城关话为调查研究对象，选取若干历时性和共时性语音条件，对比湘语、赣语和西南官话代表点的方言，结合社会人文历史背景方面的考察，把永兴城关话看作底层属于湘语、现今兼有西南官话和湘语特征而前者较为突出，并且带有少数赣语色彩的混合型方言，可以按照较宽的尺度暂把它划为西南官话处理。

  关键词：永兴方言；归属；湘语；西南官话

---

* 中山大学中文系 2004 级硕士研究生。专业：汉语言文字学。指导教师：施其生教授。

佛山人学习普通话语音偏误分析

马蔚彤[*]

  推广普通话是我国的一项基本国策，随着中国社会改革开放的推进、南北文化交流的增多，学习普通话已成为一种潮流。从应用语言学的角度看，方言区人学习普通话属于第二语言习得范畴。目前，国内的偏误分析一般只关注外语学习或对外汉语的教学，基本上不涉及他方言的学习，本文尝试把偏误分析的方法引入方言区人学习共同语的领域。

  运用田野调查法、统计法、归纳法、对比分析法等几种基本方法，论文从声、韵、调三个方面介绍了佛山话的语音面貌，把佛山话与普通话做了语音上的对比。根据调查的结果，统计出佛山人学习过程中不同阶段出现的语音偏误比例，整理出偏误的类型，归纳出中介语的特点。文章从语际与语系内部两个方面探究了偏误产生的主要原因，在论文的最后提出了有效的教学建议。

  关键词：偏误分析；语音系统；中介语；偏误原因；迁移

---

[*] 中山大学中文系2004级硕士研究生。专业：汉语言文字学。指导教师：施其生教授。

江门荷塘话语音研究

容慧华*

　　荷塘镇位于粤方言四邑片与广府片的交界处,原属新会区,现直属江门市蓬江区。镇内方言分上边话和下边话,本文主要研究以良村为主的下边话的语音系统。本文全面、详尽地描写了荷塘话的语音系统,在与中古音、四邑话和广州话的综合比较中归纳出荷塘话与中古音、四邑片粤语、广府片粤语的对应关系,并在此基础上分析了荷塘话的语音特点。本文还简要比较了老、中、青三派荷塘话语音的不同点,剖析了荷塘话在广州话的影响下,声、韵、调诸方面逐渐向广府片粤语靠拢的动态发展状况。最后得出以下结论:荷塘话是一种受广州话影响较深的四邑话,是界于四邑片粤语与广府片粤语间的一种边缘性、过渡性方言。

关键词:荷塘话;四邑片;广府片;粤语;语音

---

* 中山大学中文系 2004 级硕士研究生。专业:汉语言文字学。指导教师:施其生教授。

肇庆市粤语勾漏片中性问句研究

周昀*

本文在对肇庆市粤语勾漏片方言区的4个县7个方言点进行实地调查的基础上，从多个角度对肇庆市粤语勾漏片方言的中性问句进行研究。文章主要分为五个部分。第一部分简要介绍了肇庆市粤语勾漏片方言的有关背景和中性问句的研究现状。第二部分描写了肇庆粤语勾漏片中性问句的三种基本类型及其分布，包括"VP－唔－VP""VP－唔曾/曾""阿－VP"，以及后二者的混合型句式"阿－VP－曾"。第三部分针对一些语法现象进行解释并认为肇庆市粤语勾漏片中性问句普遍使用的类型是"VP－neg"，不受谓语类型或其他条件的限制。所有调查点不再是一个单一的类型，其在外来方言或次方言的影响下产生变化，突破原来的类型。第四部分重点讨论了已然体中性问句表达式的特点：一是已然体中性问句"VP－曾"是"VP－唔曾"的否定词"唔"脱落而产生的，二是"阿－VP－曾"是"阿－VP"型和"VP－neg"的混合句式。第五部分在分析肇庆市粤语勾漏片中性问句的地域分布的基础上总结了分布特征及其类型机制，认为随着经济活动的繁荣和人口来往迁徙的增多而发生的语言接触是语言面貌形成的最重要的原因。语言是渐变的，突破类型的变化常常从某些动词作谓语的句子和某些句子结构开始，然后才扩展成普遍使用的句式。语法的类推性和语言的淘汰赘余表达手段的功能促使句型形成并保持同一类型，这一过程需要相当长的时间和相对封闭的语言环境。

关键词：勾漏片方言；中性问句；类型机制

---

* 中山大学中文系2004级硕士研究生。专业：语言学及应用语言学。指导老师：施其生教授。

湖南汝城话语音研究

邓慧玲*

汝城县位于湖南省东南端，毗邻湘、粤、赣三省，地接江西崇义，广东乐昌、仁化，湖南宜章、桂东、资兴六县，正处在湘语、赣语、客家话、西南官话与土话等方言的包围中。汝城话语言现象复杂，某些特点交错并存，但到目前为止，对汝城话的研究尚不深入，关于其归属问题也是各家说法不一，至今没有公认的令人满意的结论。本文在全面调查汝城话音系的基础上，对其音韵现象和特点进行了全面的梳理和描写，从音理和语音发展演变的角度对某些特点规律进行了理论探讨和渊源探究，选取共时性的语音特点将其与湘语、客赣语及湘南土话进行比较，同时结合汝城及湘南地区的地理位置和移民史，认为汝城话是一种以汝城本土话为主，掺入其他方言如客赣语特点的方言，汝城话的基础和主流属湘语，移民和语言接触很大程度上影响了汝城话，但客赣语的影响并没有也不可能改变汝城话的湘语性质。

关键词：汝城话；音系；音韵特点；湘语性质

---

* 中山大学中文系 2005 级硕士研究生。专业：语言学及应用语言学。指导教师：施其生教授。

潮州市区话双唇尾韵并入舌根尾韵情况考察

洪雪妍*

目前,潮州市区话音系中的双唇尾韵表现出并入舌根尾韵的趋势,双尾韵字的发音呈现一种较为混乱的状态。同一个字,有的人认为应该读双唇尾韵,有的人则认为应该读舌根尾韵。例如"甜"字,有的人读 [ₒtiem],有的人则读 [ₒtieŋ]。这是一项正在进行中的音变,实质上是一种音类合并。

本文结合方言学和社会语言学的研究方法,采取读字词表、即席谈话、快速匿名调查法、直接提问、地方新闻采访发音记录等手段获取一手语料及其他相关信息,分析了潮州市区话双唇尾韵并入舌根尾韵的发展现状,并通过研究语音变项和社会变项的关系,探讨了此音变产生的动因和条件。

双唇尾韵并入舌根尾韵是汉语语音发展、粤东闽语发展的总的趋势。本文通过调查分析认为,潮州市区话的音变总体是朝这个方向发展的。目前,潮州市区话双唇尾韵并入舌根尾韵的现象在不同年龄段的人群中有不同的表现,不同的字发生音变的概率也不同。该音类合并现象产生的动因和条件包括语音系统内部机制造成的限制、城市化发展进程产生的动力、语言(方言)接触引起的改变,以及说话人个人语言态度和语言心理带来的影响。总之,该音类合并现象中显性的年龄差异反映了隐性的地域差异。不同说话人的发音中双唇尾韵并入舌根尾韵的多寡快慢是受其父母的口音(籍贯)、对标准音的认识、其本人对"城内人"身份的敏感度等因素影响的,这些影响左右着潮州市区话总的双唇尾韵并入舌根尾韵的趋势和速度。

关键词:潮州市区话;语音变异;音类合并;双唇尾韵

---

* 中山大学中文系 2005 级硕士研究生。专业:语言学及应用语言学。指导教师:施其生教授。

潮汕方言的介词

陈丽莹*

　　介词是汉语语法词类系统中的一个重要的类别。汉语方言介词的研究目前还有较多空白。潮汕方言的介词目前只有零星、个别的探讨，并不能全面而准确地反映潮汕地区介词的实际面貌。

　　本文选取潮汕地区9个点进行调查，取点覆盖潮汕地区全区，考察潮汕各地介词情况。在全面描写潮汕各地介词使用情况的同时，兼顾潮汕话的历史语料、其他各闽语区的介词情况和普通话的介词情况，从更高更广的视角探求潮汕话介词的特点。

　　本文参照太田辰夫的介词体系考察了潮汕9地18类介词的具体情况。文章第一部分在描写各地介词使用情况的基础上，针对相关介词的一些特点做一定的分析和思考，包括介词之间语义句法的联系和差异、介词的历时演变和共时分布特点、介词与其他词类的辨析等。文章第二部分选取潮汕方言中的比较有特点的几个介词问题做专题探讨，包括潮汕话中"合"和"共"的历时联系、"合"和"个"的共时分布、闽语里给予类词的发展概貌等问题。

关键词：潮汕；方言；介词

---

* 中山大学中文系2006级硕士研究生。专业：汉语言文字学。导师：施其生教授。

南海（丹灶）方言的指代系统研究

陈兴仪*

本文多角度深层次地研究了广东南海（丹灶）方言的指代系统。

1）南海（丹灶）方言指代系统的基本形式包括指别语素和指代结构两类。前者包括近指"啲 [tit^{55}]"、远指"阿 [a^{33}]"、有定他指"噜 [lu^{35}]"、无定他指"第 [tɐi^{22}]"和部分指"有 [jɐu^{13}]"；后者包括"量·名"结构和"量·嘅 [kɛ^{35}]"结构，其中"量·嘅"有蔑称色彩。

2）南海（丹灶）方言作为一种粤语次方言，受广州话的影响越来越大，其原有的指代系统也受到冲击。主要表现为近指、远指形式的使用存在人群性、场合性差异。丹灶方言的"啲"可能渐渐被"哩"取代，"阿"可能渐渐被"嗰"取代，前者速度比后者快。

3）文章结合整个粤方言的指代系统试图考释南海（丹灶）方言和其他粤方言一些指示成分的语源。初步认为：①粤方言近指"啲""呢"等可能来源于不定量词"啲"，也可能是壮侗语底层词。②远指"阿"大概来自古汉语词头"阿"。③有定他指"噜"可能是少数民族语底层词，也可能是汉语远指"那"妥协发展的结果。④"量·嘅"结构中，"嘅"可能来自量词"箇"。⑤粤语的"咁""噉"应是"箇样"的合音。

关键词：南海（丹灶）；指代系统；语源考释

---

* 中山大学中文系 2006 级硕士研究生。专业：汉语言文字学。指导老师：施其生教授。

粤语谓语修饰性虚成分对比研究

韦皓*

粤语较共同语及其他大多数汉语方言有更为丰富的后置虚成分。但是不能就此断定粤语的后修饰性虚成分多，前修饰性虚成分少。应该说，粤语在使用后修饰的同时，比共同语或其他一些汉语方言又多了一种常用的修饰手段——后修饰，这种手段在粤语中是成熟的、可发展的。本文对粤语谓语修饰系统成分进行了地域分布和用法的比较，又在三个平面上对前、后修饰进行了对比分析。其中借鉴了描写方言学、方言比较、三个平面、语法化等理论和方法。

论文分两大部分。第一章从后修饰性虚成分入手，按意义归类，然后考察每类的地域分布和用法差异，最后得出几点结论。①粤语后修饰虚成分跨越不同的语法范畴，包括词法范畴和句法范畴；决定因素是它们的语法地位和句法位置。②广州话是粤语次方言中发展较成熟的一种，很多成分在广州话中有很发达的表义功能，例如"晒、埋、添、翻、先、过、开、来、亲"等。其他地区往往没有像广州话这么复杂的用法。广州话后修饰系统分工细密，尤其体现在体貌范畴，至少能归纳出九类，有动作完成和事态实现之分、进行体和持续体之分、持续体和始续体之分；又比如在程度范畴至少有四种：接近、过当、高深、极限。所以跟很多粤语次方言比起来，广州话的后修饰虚成分种类较多。③成分混用现象很普遍：各种成分的不同语义层次的扩散速度不一样。

第二章在第一章分类的基础上，进一步讨论前、后修饰的对应性和差异性，最后结论是：①前、后修饰共存是粤语的客观事实。其中又有某些范畴在局部地区只用或倾向于用某一式。一方面，后修饰普遍存在于广州话以及其他一些地区的口语中，使用率很高。另一方面，像"晒、极、咁滞、度、定喇、来、亲"等一些后修饰性虚成分，在广州或者小部分地区非常成熟，但在另外更大片的地区几乎不存在，当地还可能用的是前修饰。②前、后修饰虽然在大范畴有较强对应性，但是经过三个平面分析，可以看到它们其实不尽相同。差异性主要体现在下位意义和语用价值方面。它们的关系交织成网，使语言表达更丰富、严密。

关键词：方言语法；粤方言；虚成分；前修饰；后修饰；比较

---

* 中山大学中文系2006级硕士研究生。专业：汉语言文字学。指导老师：施其生教授。

新兴县粤方言动词体貌研究

张燕芬*

新兴县位于粤方言区内几个大片的过渡地带，特殊的地理位置使新兴方言具有过渡性的特点。本文调查描写了新兴县境内八个粤方言镇及新兴县周边市县镇的动词体貌成分。通过大量语言事实比较发现，新兴的完成体、持续体助词，确实表现出高廉片的廉江、两阳片的阳春与广府片的珠三角地区之间的过渡性。

关键词：动词；体；貌

---

* 中山大学中文系 2006 级硕士研究生。专业：汉语言文字学。指导教师：施其生教授。

广东粤方言处置句比较研究

冯雅琳*

本文调查了广东粤方言区 15 个方言点的处置句，考察了广东粤方言处置句的特点及内部差异。文中对各地处置句的结构形式、处置标记、句式选择进行了全面、细致的比较研究，并联系汉语史及清末粤方言处置句的演变情况，对一些相关的理论问题以及广东粤方言处置句的发展线索进行了探索。

本文的研究得出如下结论：①广东粤方言处置句有介词式、复指式（含一般复指式、受事主语式）、介词和复指混合式、无标记式（含动宾式、受事主语式）四种形式。②广东粤方言现存的处置标记有"将""搣""□［$ȵia^{55/33}$］""捉""攞"，其中"将"是使用范围最广的处置介词。③广东粤方言处置句句末的第三人称代词"佢"，复指被处置对象，起加强处置意义的作用，在某些粤方言点已经语法化为处置标记；"佢"的出现受语义、语境、句式的选择影响；复指"佢"不一定出现在句尾。④在不同的句法条件下，各地选择的句式有所不同。处置句句式的选择倾向和语体、语境、说话人身份、各结构成分的制约有关。⑤广东粤方言的句式沿着"动宾式—介词式—介词和复指混合式—复指式"这一线索发展。处置标记遵循"拿义动词—工具介词—处置介词"的发展线索，这与汉语史处置句、清末粤方言处置句处置标记的发展是一致的。

关键词：处置句；粤方言；处置标记；复指

---

* 中山大学中文系 2007 级硕士研究生。专业：汉语言文字学。指导教师：施其生教授。

基于语素的潮汕地区亲属称谓系统研究

姚琼姿[*]

汉语方言亲属称谓是方言学和文化学共同关注的一个领域，研究成果颇丰。目前，该领域研究存在的不足，主要是材料繁杂，对材料的利用流于表面。潮汕方言称谓研究，目前为数极少，而且主要集中在潮州方言，以罗列称谓语为主，兼顾简单注释个别有特色的用语，以及阐述亲属称谓所承载的文化内涵。研究深度有待加深，研究方法也有待改进。

基于此，本文将研究范围扩大，选点基本覆盖了潮汕三市；研究材料以第一手调查材料为主，现成的第二手材料为辅。研究方法上主要采用义素分析法和语素析义法两种基于语素的研究方法，这也不同于汉语方言亲属称谓现有的研究方法。

本文通过材料筛选，建立了一个简明清晰的潮汕方言称谓系统。以构词地位为标准，对该系统里面的称谓用语进行语素剥离，总共得到三大类语素：核心亲属称谓语素、修饰性亲属称谓语素和词缀。按照语素蕴含的亲属关系分类，将核心亲属称谓语素细分为10小类，分别是配偶关系语素、生育关系语素、同胞关系语素、"生育关系+同胞关系"语素、"同胞关系+配偶关系"语素、"生育关系+生育关系"语素、"同胞关系+生育关系"语素、"配偶关系+生育关系"语素、"生育关系+同胞关系+配偶关系"语素、"配偶关系+同胞关系+配偶关系"语素。

按照所表达意义，将修饰性亲属称谓语素分为4小类，分别是长幼语素、辈分语素、关系语素、性别语素。按照在词语中所处的位置和虚化程度，将词缀分为4小类，分别是词头、半词头、词尾、类词尾。

文章对每一个小类所包含的语素进行描写、溯源，并对相近的语素进行横向比较。

在分类和确定语素意义的基础上，进一步考察核心亲属称谓语素和修饰性亲属称谓语素在组合中的规律，探讨它们本身所蕴含的亲属关系和因素如何参与重组。例如：表示排行的语素和核心亲属语素组合的时候，其排行的义素附着在核心语素所蕴含的同胞关系上；而辈分语素与核心语素（语素组）组合的时候，两者所蕴含的辈分互相叠加。又考察修饰性亲属称谓语素在组合中体现了怎样的一致性，就是修饰性语素在组合的时候，它们所表达的理性义都是单一的，它们单独成词的时

---

[*] 中山大学中文系2008级硕士研究生。专业：汉语言文字学。指导教师：施其生教授。

候也只是表达了单一的理性义。

最后，论文探究了潮汕亲属称谓背后的文化内涵：长幼有序、内外有别、男女有别、男尊女卑。通过比较潮汕亲属称谓和共同语亲属称谓的异同，可以看出它们各自反映出来的文化内涵的异同。

本文借鉴共同语亲属称谓研究的义素分析法和语素析义法研究潮汕亲属称谓，对潮汕方言词汇系统化深入研究和潮汕文化研究来说，是必须的基础工作。基于语素的研究作为一种新的尝试，对汉语方言称谓研究有积极意义。

关键词：潮汕方言；亲属称谓；语素；亲属关系；组合

泗水方言研究

王衍军*

泗水方言处在中原官话和冀鲁官话的过渡区以及山东方言东区、西区的交界地带,在方言的接触研究上具有一定的类型学意义。本文在充分调查方言事实的基础上,从语音、词汇、语法三个方面对泗水方言的特点进行描述、分析,采用"普—方—古"大三角比较研究的方法,从共时和历时两个层面上展现泗水方言的特点。

泗水方言历来被归入中原官话区,本文从方言特点、历史沿革、地理环境、移民史等角度探讨泗水方言的归属问题。我们认为将泗水方言归入中原官话区是基本符合方言事实的,但是由于其特殊的地理位置,泗水方言同时又具有冀鲁官话的某些特点。另外,泗水方言的某些特点和晋语及晋南中原官话有些相似,从移民史上也大致可说明泗水方言与晋南一带方言似有某种历史渊源关系,但这一点尚需其他方言点的资料去进一步证实。

本文不仅提供了有关泗水方言的较为翔实的材料,而且也包含笔者根据泗水的方言事实所得出的一些理论上的认识,对某些问题的进一步研究也具有一定的启示意义。

关键词:泗水方言;中原官话;方言接触;语言演变

---

* 中山大学中文系 2001 级博士研究生。专业:语言学及应用语言学。指导教师:施其生教授。

外语写作中的基础语言影响

——基于语料库的中国学生英语作文错误分析

王哲*

本文以语料库为基础，对中国的成年英语学习者的写作错误进行分析和总结，目的是寻求在中文的大环境下，如何提高学习者的英语写作水平。论文前四章首先就认知语言学、心理语言学、语料库语言学、语言迁移、中介语、错误分析和建构主义学习论等理论的最新进展进行回顾。然后就中国学生的英语写作错误进行假设，并求证于语料库的统计分析。第五章起以错误率为序，列举实词、词形、用词、句法、搭配、虚词六大类错误，分析其错误性质、表现形式，并与汉语做对比。指出形成错误的根源和机制，从而论证了汉语作为基础语言对写作的影响，揭示了其中的某些规律。

本文发现：①中国学生的总体英语失误率为 5.6%，各类学生的失误率总体呈下降趋势。从失误的类型看，居于前四位的词形、词汇、句法和动词词组的失误率加起来占了所有失误的一半。②中国学生英语写作中既有语内错误，也有语际错误，二者的总体比例大致为 165∶1。语内错误与语际错误的比率不因学习者英语水平的提高而明显降低。③语际错误的根源在于基础语言的消极影响。④基础语言和第二语言的差距越大，学习者所犯的受基础语言影响的错误越多。中国学生在名词和动词的数、词性、搭配和省略方面所犯的受基础语言影响的错误最多。然而，某些有明显差异的方面，错误反而不多。这可能是差距明显而受到足够注意的缘故。

关键词：二语习得；语料库语言学；基础语言影响；语内错误；语际错误；语言迁移；隐性课程

---

* 中山大学中文系 2001 级博士研究生。专业：汉语言文字学。指导教师：施其生教授。

汉语造词理据模式研究

许光烈[*]

词语理据的研究历史久远,从孔子的"正名说"及至有清一代,均各有建树,近百年来,索绪尔的任意性理论又推进了理据的研究。先哲与时贤对词语理据模式进行了多侧面的思考,然以往的词语理据研究许多是零散的,不成系统,因而也就不能从整体上了解和把握理据及其特点。我们根据造词理据的特点,归纳总结汉语造词的理据模式,以期给解说词语理据提供依据,促进理据研究的深化。

论文以系统论以及"磁化"现象审视理据模式问题。我们在数百万字的研究资料中,搜集整理出一万多个具有可知理据的词目,在广泛吸取历史和现代研究成果的基础上,对汉语词语的造词理据模式进行了探讨,试图通过对这个问题的系统阐释,建构汉语造词理据模式的基本框架。为了探究词语在不同范围内理据模式的特点,我们分别选取了开放系统和封闭系统的词语;为了观察理据模式的纵向发展,我们分别选取了不同时期的词语;为了分析理据模式在不同领域里的变化,我们分别选取了一些不关联的语料。通过对这些语料的探究、观察,分析并归纳理据模式的特点。

汉语的词语多有理据,然其理据或显或隐,扑朔迷离。我们重点揭示隐性理据,总结分析理据模式。语言理据性建立在"磁化"规律基础之上,了解"磁化"现象,就可以解释理据模式研究中的诸多问题。本文着重分析了有代表性的"五类十六型"理据模式(页面词语部分另涉及"谐音""简缩""歇后"三型)。我们看到,摹声型、词源型和译音型的词语多为单纯词,其他类型多为合成词。模式内部同中有异,往往你中有我,我中有你,模式错综复杂,有时模式之间有某些部分的重叠。所论理据模式之外,还会有其他模式类型,尚需进一步分析归纳。外来词语进入汉语往往失去其民族文化的内涵,但是会获得新的理据,所以外来词语具有音译性和理据性的特点。在不同的时代,词语的理据模式不同;不同的领域,理据模式也是不同的;页面语是一种特殊变体,其词语具有远理据性和近理据性二元

---

[*] 中山大学中文系 2001 级博士研究生。专业:语言学及应用语言学。指导教师:施其生教授。

对立的特点。理据既有语言因素，也有非语言因素，多种因素使词语理据日趋隐晦。

关键词：任意性与理据性；汉语；磁化规律；理据模式

湘西南洞口方言虚词研究

胡云晚*

本文全面、系统地描写和分析了洞口方言娄邵片老湘语的各类虚词，在系统描写分析的基础上再做专题研究，对其进行深入挖掘，揭示其特点并尽可能做来源探讨。

文章描写分析了四类虚词——助词、副词、连词、介词，比较分析了它们和普通话相应成分的异同，分析其意义与用法，重点放在与普通话有差别的地方。主要得出三点结论：①语法意义和语法形式的对应关系复杂，同一个语法形式可以表达多种不同的语法意义，同一个语法意义又由多个不同的语法形式来表达。这种现象从助词、副词到介词都频频出现。②由结构或短语凝固而来的虚词很丰富。③由于特殊的地理位置，有些语言特色与周边方言具有类型上的一致性或相似性，但往往又力图突破，形成自己的特色。

专题研究分别见于助词体系、副词体系和介词体系，连词的语义、语法功能个性不鲜明，所以没有设专题研究。本文有五个专题：①助词"得"及相关问题，讨论分析了"得"作能性助词、结构助词、完成体助词和语气助词时的语义、语法结构特征，归纳并探讨了其虚化来源。②否定副词"没"和"冇"，主要分析了它们在不同语气类型的句子中的分布特征，尝试着就"冇"做了语源探讨。③与普通话介引动作受物者的"给"相当的九个介词，针对它们所能出现的给予句式，分析了其结构特点及各介词的来源；通过历时和共时的比较研究，最后就其发展趋势做出预测。④与普通话介引动作受事者的"把"相当的十个介词，文章从"把"字句各结构成分的特征着手，总结归纳出三大类五小类"把"字句及各介词的句法限制条件，同时就其将来发展趋势做出预测；最后，立足方言的语法事实，就"把"字句的句式意义做了理论探讨。⑤与普通话介引动作施事者的"被"相当的七个介词，各被动标记结构特征分明、语用色彩鲜明，因此在做了结构分析之后，很容易就其将来发展趋势做出预测。通过专题研究，所得结论如下：①洞口方言语法上有自身的特点，且成体系。由于语言发展过程的不同，其中有不少语言现象是古汉语的直接遗留，与普通话多有不同，但与其他周边方言有时候具有类型上的一致性。②语言接触和居民来源复杂等都是语言的外力因素，它的发展演变最终受语

---

* 中山大学中文系 2002 级博士研究生。专业：语言学及应用语言学。指导老师：施其生教授。

言内部各规律的管约。

关键词：洞口方言；方言语法；虚词

山东栖霞方言虚成分研究

刘翠香*

栖霞方言属北方官话，是山东方言东莱片的一个方言点。本文全面、系统地描写了栖霞方言的形尾、助词、介词、副词和连词，揭示其特点，并对有较高研究价值的某些专题进行了探讨。

全文分两部分，上篇是分类考察，下篇是专题讨论。

上篇分类考察栖霞方言中所有的虚成分（虚词与形尾），比较各类虚成分与普通话相应成分的异同，描写其意义和用法，描写重点主要放在与普通话有差异之处。如相当于普通话"了$_1$""了$_2$""了$_{1+2}$"的"儿""了""口［ə］了"的用法及从中所见的有价值的现象；表示经历的形尾"过"和事态助词"来"；有"使然"和"非使然"之别的两套表持续的虚成分、两套表所处的介词、两套表所从的介词；表继续的"下"；表先行的"口［ɕin］儿"；连词"管"；相当于普通话"不""没""没有"的副词及其在用法上的纠葛；等等。在描写栖霞的语言事实并与普通话进行细致比较的同时，为了看清本质或追寻因由，有时还列举山东方言尤其是东莱片方言其他点的事实并进行比较分析。

下篇以"大三角（古—方—普）"的视角，对栖霞方言虚成分方面某些有重要价值的现象进行理论上的综合探讨或演变过程的探索。如从栖霞形尾"儿"和普通话"了$_1$"在用法上的细微差异论证栖霞方言和普通话的某些句式（动结式、动趋式、连动式等）处在不同的历史层次上；从栖霞方言的相应成分分析普通话三个"了"的纠葛；栖霞方言"儿""口［ə］""了""口［ə］了"的语源关系的探讨；"待""着儿"的来源及相关问题的探讨；"使然""非使然"语法范畴在栖霞方言中的表现；栖霞方言中兼作连词、语气助词、语气副词的"啵"及其演变途径。

关键词：方言；语法；山东方言；栖霞方言；虚成分；虚词；形尾

---

* 中山大学中文系 2002 级博士研究生。专业：语言学及应用语言学。指导老师：施其生教授。

广东廉江方言助词研究

林华勇*

本文属粤方言语法的专题研究。在系统考察廉江方言助词的基础上，运用语义功能语法，结合语法化理论，对廉江方言助词及相关问题进行深入的挖掘和分析。

论文共分七章。引言和第一章：介绍本专题的研究现状和廉江方言语法概貌，对廉江方言助词的范围、分类及作用等进行列举和说明。第二、第三章"体貌助词"：重点对实现（"□ [tɛ²¹]"）、经历和重行（"过"）、先行（"正、头先"）、起始（"起身"）、近过去（"来"）等意义的体貌助词及相关问题进行考察，并在此基础上，进一步讨论体貌意义的概括和区分、谓词对体貌形式的语义影响、助词的语义基础、语法化的不一致现象等问题。第四章"度量助词"：对小称"仔"进行分析，认为汉语小称不仅涉及语音、词汇问题，还可以是句法问题；根据"啲"与名词、形容词的选择性，对名词、形容词进行分类。第五章"语气助词"：结合共现顺序对繁多的语气助词进行分类；对疑问语气助词的范围进行确定；言说义动词"讲"的语法化，具有一定的普遍性。第六章"结构助词"：考察廉江方言的结构助词，提出了不同以往的补语系统；结合结构助词"得"在廉江方言中的表现，对汉语史结构助词"得"的演变提出看法。第七章"问题讨论"：对体貌助词"□ [tɛ²¹]""倒"的语源进行探讨；结合本专题，对助词的来源、方言语法研究的必要性及研究方法等问题进行讨论。

与传统研究有所不同，本专题在共时考察的基础上，贯穿了理论方法的实践和探索。总的观点是：①重视语义的作用；②重视语法化的共时研究；③继续扩大比较的视野；④要开展方言语法的语义功能研究。

关键词：方言语法；廉江方言；助词；语义功能语法；语法化

---

* 中山大学中文系2002级博士研究生。专业：语言学及应用语言学。指导教师：施其生教授。

浚县方言语法研究

辛永芬*

  本文以浚县方言整个语法系统为研究对象,通过对浚县方言种种语法现象深入细致的描写、分析和探讨,勾画了这一单点方言语法系统的整体面貌,揭示了这一单点方言语法系统的重要特点。

  文章分绪论和正文两大部分。绪论部分简要介绍了浚县概况,浚县方言概貌,河南方言研究现状,本文的研究目的、思路、方法及语料来源和体例。正文分五章,前四章分别从音变、重叠、附加、格式和语序等语法手段入手,全面、系统、深入地探讨和分析了由这些手段所构成的种种语法形式所表达的语法意义。其中,音变部分着重对儿化、子变韵和 D 变韵进行了深入细致的描写和分析,并从语法化的角度探讨了子变韵和 D 变韵的来源、构拟了它们发展演变的轨迹;重叠部分详细描写了浚县方言中的各种重叠形式及其所表达的语法意义,并对重叠的方式、语义功能和语法功能进行了理论分析;附加部分对浚县方言常用的各类副词、助词、介词和连词做了充分的描写,并设专题重点探讨了否定成分"没""冇""没冇"、介词"在"及相关形式以及集多种意义与功能于一身的助词"嘞"的意义、用法和来源;格式和语序部分对浚县方言中的反复问格式、处置格式和能性述补格式进行了全方位的考察,并从类型学的角度对这三种格式在浚县方言中的特殊表现做了深入细致的分析和讨论。第五章从语法意义的角度对浚县方言整个语法系统的面貌进行了疏理、归纳,总结了浚县方言语法系统的重要特点。

  本文立足浚县方言的语言事实,采用了全新的研究框架。先从语法手段入手,描写分析了各种语法形式所表达的语法意义,又从语法意义的角度对整个语法系统进行了勾画、总结。其总体设想是一方面顾及浚县方言语法的系统性,一方面突出浚县方言语法的个性特征。

关键词:浚县方言;音变;重叠;附加;格式和语序

---

* 中山大学中文系 2002 级博士研究生。专业:语言学及应用语言学。指导老师:施其生教授。

惠州方言助词研究

陈淑环[*]

本课题是关于广东惠州方言助词的专题研究。本文在前贤研究的基础上,采用结构主义的方法,全面、系统地考察了惠州方言的各类助词。在研究过程中与周边方言（客家方言、粤方言）做了共时平面的比较,并适当结合汉语史材料进行历时探讨,运用语法化理论,对惠州方言的助词及其相关问题进行了挖掘和研究。

论文共分引言、正文、余论、结语和附录五部分。

引言主要介绍惠州市区的人文地理概貌、本专题的相关研究现状及本文研究对象、目的和方法。正文共分六章,主要考察和分析了惠州方言的体貌助词、结构助词、语气助词、比况助词及其相关问题。第一章主要描写了惠州方言的语法概貌,包括实词、虚词的主要特点及相关特殊句式,并对惠州方言助词的范围、分类及其成员做了简单的介绍和说明。第二、第三章主要讨论了惠州方言的体貌助词,着重对表完成（"抛、□ [ei^{55}]" 等）、持续（"紧、住" 等）、经历（"过、来"）、先行（"正"）、重行（"过"）、短时（"啊"）、尝试（"睇过"）等意义的体貌助词进行了详细的考察和分析,并对部分体貌助词的来源及相关格式的发展阶段进行了探讨。第四章讨论结构助词,包括 "□ [kəŋ^{55}]" "□ [ei^{33}]" "□ [ei^{55}]" "倒" "到" 的分布、意义及用法,并考察了能性述补结构 "V 得" 及其否定形式。第五章讨论语气助词,对惠州方言的语气助词按功能和情态进行了分类,并考察了语气助词共现的顺序及其制约因素;对转述助词 "讲/话"、假设助词及话题标记 "时"、情态语气助词 "唔时/敢/怕" 等的意义和用法进行了讨论,并对其来源做了尝试性的解释。第六章讨论其他助词,主要包括比况助词 "□ [kəŋ^{35}]" 的来源及发展、由介词结构虚化而来的加强乞求意味的助词 "畀佢"。余论通过惠州方言与客家方言及广州方言助词的横向比较,讨论惠州方言助词的总体特点,并对其归属提出了自己的看法。

关键词：方言语法；惠州方言；助词；比较

---

[*] 中山大学中文系2003级博士研究生。专业：汉语言文字学。指导老师：施其生教授。

闽西永定客家方言虚词研究

李小华*

本论文对闽西永定客家方言的助词、连词、副词、介词四大类虚词进行了封闭性的考察,逐个描写和分析了它们的语义特征和语法功能,并对相近的虚词或同类的语法现象进行了认真的辨析,兼及探讨一些语法成分的本字、来源或语法化问题。同时,为了更准确、深入地把握本方言的语言事实或进行溯本求源,也将永定客家方言的虚词与普通话,周边的客家方言、闽方言、粤方言及其他方言的同类现象做了比较,必要时也对古代汉语尤其是近代汉语的相关情况进行了调查,基本上实现了"普—方—古"大三角的检视。

除前言和结语外,论文的主体部分共分六章。第一章是结构助词,主要讨论作定语标记、转指标记、状态词标记和补语标记的助词及其来源,分析"得"字的结构及性质,并对汉语能性"得"字后置做了尝试性的解释。第二章是体貌助词,考察各种体貌的表现形式。比如,实现体助词"欸""来"、持续体助词"倒"、经历体和重行貌助词"过"等。第三章是语气助词,逐个描写表陈述、感叹、祈使、假设和疑问的语气助词的语法功能,着重分析反复问句的表现形式及句末语气助词之间的联系和发展,并探讨情态标记"可多"的语法化过程。第四章细致地描写了各个连词的语义功能。第五章对副词进行了分类的考察,并对各个否定副词进行了比较和辨析。第六章逐个考察介词的语义功能,分析表示比较、被动、处置等相关句式,也探讨了"得""到"等部分介词的语源问题。

关键词:永定客家方言;语法;虚词;语义功能;语法化;探源

---

* 中山大学中文系 2003 级博士研究生。专业:汉语言文字学。指导老师:施其生教授。

林州方言虚词研究

谷向伟*

林州市是河南省西北角的一个县级市，地处晋、冀、豫三省交界处。林州方言属于晋语，是邯新片磁漳小片的一个方言点。本文以林州方言虚词系统为研究对象，通过对单个虚词深入细致的描写分析，勾画了这一单点方言虚词系统的概貌，从虚词角度揭示了林州方言的语法特点。

本文分引言和正文两大部分。引言部分简要介绍了林州人文地理概况，林州方言的归属和晋语研究现状，本文的研究对象、目的、方法和语料来源，体例说明，常用字的注释。正文分两部分，上篇是分类描写，下篇是专题讨论。

上篇用四章分别描写了林州方言的副词、助词、连词和介词，着眼点在于描写各个虚词的句法位置和语法意义，比较与普通话相应成分的异同。主要包括程度副词"可特""赤"，否定副词"甭""休"，表示持续、进行的体助词"着"和"哩"，表示近过去的"来"，表示起始的"开"，表示确认和疑问的"哩"，状态补语标记"得"，引进终点的介词"上"，表示递进关系的连词"慢说""甭说"，表示因果关系的连词"不是""都是"等。

下篇是专题讨论。在对林州方言中有价值的虚词进行分析描写的基础上，展开了横向比较研究和适度的纵向历史探源，包括：表示情况实现时间的"动"和表示假设情况实现时间的"动了"；用于构成趋向补语、结果补语可能式的助词"了"；助词"了"在方言中的分布情况以及不同的助词"了"的来源；趋向补语"来""上来"及其可能式的在汉语方言中的分布类型和历史演变过程；林州方言虚词语流音变及其成因；林州方言虚词所体现的晋语语法上的共性和差异。

关键词：林州方言；虚词；格式；语法功能；语法意义

---

* 中山大学中文系2004级博士研究生。专业：汉语言文字学。指导老师：施其生教授。

山东沂水方言词法特点研究

赵敏*

沂水县位于山东省东南部，东靠沂山山脉，西邻蒙山山脉，地处沂蒙山区腹地，行政区划上隶属临沂市。沂水方言在语言归属上属胶辽官话东潍片，是胶辽官话最西沿的一个点。本文以沂水方言的词法特点为研究对象，对各词类进行了深入细致的描写，勾画了这一单点方言词法系统的概貌，揭示了这一单点方言词法系统的重要特点。在研究过程中与周边方言进行了共时平面的比较，并结合汉语史材料进行历时探讨，对沂水方言词法的某些问题进行了较深入的挖掘和探讨。

本文分引言和正文两大部分。引言部分介绍了沂水方言的地理人文概况、沂水方言的归属、沂水方言的研究状况以及本文的研究对象、目的、方法和语料来源、体例说明。正文分七章，分别描写了沂水方言的构词法、重叠、代词、副词、助词和形尾、介词、连词的特点。第一章着重描写沂水方言附加式构词的特点。第二章着重描写沂水方言各式重叠的特点，包括叠音、构形重叠、构词重叠等。第三章在全面描写沂水方言代词系统的同时，着重考察了指示代词"乜"的性质、来源。第四章考察了沂水方言副词的特点，对沂水方言特有的副词进行了分类梳理，重点探讨了表示程度极高的后附加式副词"杀"的用法与来源，考察了否定副词"没"及"没有"的使用规律与发展趋势。第五章考察了沂水方言助词和形尾的特点，着重探讨了沂水方言的体貌助词、结构助词和语气助词的使用情况，就某些语言事实进行了深入分析与尝试性解释，结合普通话、临沂话与栖霞话的体貌特点，得出沂水方言的体貌系统在语言发展中的位置。第六章在全面描写沂水方言介词系统的基础上，重点讨论了"待"的性质与来源。第七章对沂水方言的连词系统进行了描写，对连词系统的特点进行了归纳。

关键词：沂水方言；词法特点；共时考察；历时考察

---

* 中山大学中文系 2004 级博士研究生。专业：语言学及应用语言学。指导教师：施其生教授。

宜阳方言虚词研究

陈安平*

宜阳县位于河南省西部,宜阳方言属于中原官话洛嵩片。本论文在充分占有材料的基础上,结合语法化理论,对宜阳方言的语法(重点是虚词)进行了比较细致的挖掘和探讨,揭示了这一单点方言语法(虚词)系统的一些特点。

本论文绪论部分简要介绍了宜阳县人文地理概况,宜阳方言的归属和河南方言语法研究现状,本文的研究对象、目的、方法和语料来源,体例说明,常用词注释。第一章简单介绍了宜阳方言的某些语法特点。本文参考施其生先生对虚词的分类,依据语义功能的不同,把虚词分为修饰性虚词和结构性虚词。修饰性虚词包括副词、助词。副词一章主要描写了宜阳方言各类副词的特点。助词一章描写了各种助词的语法功能和语法意义,重点考察了语气助词。本文严格区分句子意义和语气助词本身所表示的意义,细致考察了语气助词在陈述句、疑问句、祈使句、感叹句中的语气意义。结构性虚词包括介词、连词、结词三类。最后一章是相关问题研究:一是对宜阳方言中重要的实现体虚词"了[·la]"和"咾[·lau]"进行了考察,勾画了从动词"了[liau^{53}]"到助词"了[·la]"、"咾[·lau]"的语法化轨迹;二是对引进受事的介词"给[kei^{33}]"的来源进行了考察;三是对宜阳方言中功能多样的"来[·lai]"进行了梳理,揭示其不同的来源;四是探讨了宜阳方言的高程度副词的主观性,揭示了广泛分布于河南方言中的"可[kʻə^{53}]"类高程度副词和"歇[ɕiɛ^{33}]"类高程度副词的差别。

关键词:宜阳方言;虚词;助词"咾";介词"给";助词"来"

---

* 中山大学中文系 2005 级博士研究生。专业:语言学及应用语言学。指导教师:施其生教授。

西充方言语法研究

王春玲*

四川西充方言属于西南官话灌赤片的岷江小片。本文在系统考察西充方言语法的基础上,运用描写和比较的方法,结合语法化理论,对西充方言词法和句法进行了较为细致的挖掘和探讨,勾画了西充方言语法系统的整体面貌。

除绪论外,本文首先对西充方言语法做了概貌性的描述,然后对西充方言的词缀、虚词、重叠和某些句式及结构进行了比较全面的考察。词缀"家""些""子""头"及"儿化与儿尾"都比较富有方言特色,与普通话存在较大差异。

虚词部分对常用副词、介词、助词和连词做了分类考察。副词一节着重从语义指向和句法语义特征方面进行考察。介词一节设专题探讨了介词"待""得"的句法分布和表所从的介词"往""待""跟""朝"的用法,并在前贤的研究成果上对其来源做了尝试性的探讨。助词一节分体貌助词、结构助词、语气助词来考察西充方言的助词系统,着重描写了各个助词的语法功能和语法意义,比较了相关语法成分,详细分析了它们的分布范围及来源。如持续体助词"倒""起""倒起",先行体助词"来""着",经历体助词"过""来",结构助词"哩""得""得来"等。表达同一语法意义,同时拥有多种不同的语法形式也是西充方言比较显著的特点。

重叠部分描写了各种重叠现象的构成形式、语法功能及其所表达的语法意义,比较了基式和重叠式的异同,重点揭示了与普通话相异的语法现象。句式和结构部分探讨了西充方言的处置句式、被动句式、使役句式、比较句式、选择问句、述补结构和"V人"结构,揭示出该方言的某些特点,如多用后置性而不用前置性结构来表示能性范畴,某些句式尚处在较早的历史层次上等。

关键词:西充方言;词缀;虚词;重叠句式和结构

---

* 中山大学中文系 2005 级博士研究生。专业:语言学及应用语言学。指导教师:施其生教授。

粤东闽语语音研究

徐馥琼[*]

本文探讨粤东闽语的语音现象,分为上下两篇。上篇主要是对粤东闽语语音的共时描写,下篇则是一些专题研究。

上篇主要包含以下内容:第一章引言,说明本文的研究对象粤东闽语的相关情况,包括粤东闽语这一概念及粤东闽语通行的区域范围、粤东闽语的整体语音特点、本文的研究背景和研究目的,最后是本文所用的研究材料和方法的说明。第二章描写了粤东闽语二十多个方言点的音系,并对这些方言点音系的整体面貌做了比较。讨论了音系归纳的相关问题,确立了本文音系处理和归纳的原则:①简洁性、概括性是音系归纳的基本原则;②保留必要的羡余。最后是对本文音系处理的相关问题做了说明:①粤东闽语的声母[m n ŋ]和[b l g]互补,但音系处理时为了韵母系统的简洁,把它们分为两套;②只出现在鼻音声母后的鼻化韵全部跟对应的非鼻化韵归为一套;③非鼻音声母后的鼻化入声韵作为独立的韵母放入音系。第三章是粤东闽语各点的读音与中古音的对比,并对今粤东闽语各读音类的性质做简要说明。第四、第五、第六三章分别描写了粤东闽语的声母、韵母和声调,呈现出粤东闽语语音的整体面貌,并尽可能地跟其他闽南方言做比较,以求更好地探讨粤东闽语的语音现象及其本质,突出粤东闽语的特点。第七章探讨了粤东闽语的文白系统。首先,剔除其他类型的异读,建立文白异读的标准。其次,将文白两个系统之间的界线划定在中唐,文白两个系统下再分小层次:白读系统包括早白读层(魏晋以前)和晚白读层(魏晋至中唐),文读系统包括旧文读层(中唐至宋元)和新文读层(宋元以后)。最后,归纳粤东闽语声韵调的文白系统。

下篇各章分别着眼于粤东闽语语音一些较有特点或者前人尚未论及的问题,结合语言研究的相关理论和方法,力图多角度地研究粤东闽语的语音现象,同时,希望对语言研究理论本身有所检验和推进。下篇主要讨论了以下几个问题:第二、第三两章运用历史层次分析法,对粤东闽语遇、止两摄字的读音做历史层次分析,探讨它们在今粤东闽语各种读音的层次归属,分析得到粤东闽语至少存在中古前(上古)、中古(魏晋至中唐)和近古(中唐之后)三个层次,可以印证上篇最后一章对粤东闽语文白系统的分析及所得出的结论。粤东闽语在历史层次研究方面还

---

[*] 中山大学中文系2005级博士研究生。专业:汉语言文字学。指导老师:施其生教授。

比较欠缺，本文相信这是必要的，也是有益的尝试。第四章是关于粤东闽语非鼻音声母阴声韵字今读鼻化韵现象的讨论，通过分析这一类字的读音情况，探讨其发展演变的路径。本文将之概括为"发音机制扩散"和"词汇扩散"。这是对方言语音演变内部机制的探讨，不但揭示了方言语音现象及其发展演变规律，同时也补充和发展了"扩散"理论。第五章与第四章相关，探讨鼻化和去鼻化这两种语音演变方式对粤东闽语的作用，这两种作用方向完全相反的音变方式能够在粤东闽语并行不悖，是音变的时效性起了作用。本章还一并讨论了相关的全浊声母清化、阳声韵弱化为鼻化韵等问题，得出这些音变发生的先后顺序。第六、第七两章分别讨论了粤东闽语内部两个单点的语音现象：达濠方言古全浊上、浊去字的声调演变模式和陆丰甲子方言的语音变异情况。达濠方言的声调演变模式具有类型意义，在汕头市区以西潮阳到惠来这一片方言，也即传统分区所说的"潮普片"，普遍存在调类合并现象，且合并的原因基本上都是调型调值相近，这是方言自我演变的一种趋势和结果。陆丰甲子镇方言的语音正在发生激烈变化，新老派之间、不同村落乃至不同人之间的口音都存在差别，既有音类的变异，也有音值的差异，通过描写这些差异，可以从中窥探到语音演变的路径及其动态过程。本章还讨论了粤东闽语潮普片方言自发新生的一套唇齿音声母，来自合口呼韵母前的唇音声母，可以作为汉语语音史上重唇合口的轻唇化首先经过了唇齿音这一阶段的旁证。第八章分析了古全浊声母清化之后在今粤东闽语读送气与否的情况，文白两个系统有不同的表现：白读系统以不送气为主，但送气与不送气都存在；文读系统则表现出"平送仄不送"的倾向，是移植了北方官话清化类型的结果。

最后，本文在研究工作的基础上，比较并总结了粤东闽语内部的异同，将粤东闽语分为潮汕片、潮普片和汕尾片三大片。其中，汕尾片下分陆丰小片和海丰小片，云澳方言被归入陆丰小片，海丰小片包含汕尾市其他辖区的闽方言。

关键词：粤东闽语；语音；音系；语言学；历史层次；演变

丰顺（三汤）客家方言助词研究

黄婷婷*

本课题是关于广东丰顺客家方言助词的专题研究。本文借助"结构性－修饰性"的框架构建整个虚成分体系，运用语法化理论以及汉语的形态有些可以属于词组这一观念，在全面、系统地考察丰顺客家方言各类助词的基础上，与周边的客家方言、潮汕方言、粤方言做共时平面的比较，并适当结合汉语史材料进行历时探讨。

论文共分七章。引言主要介绍丰顺县的人文地理概貌、本专题的研究现状及本文研究的对象、目的和方法。第一章描写了丰顺客家方言的的语法概貌，包括实词、虚词的主要特点及相关特殊句式，并对丰顺客家方言助词的范围、分类及其成员做了简单的介绍和说明。第二章集中讨论结构助词：考察了"个""子""样""安能"等多个形容词性标记，以及名词性标记"个""倈"的用法；分析了补语标记"到"和"去"的异同、层次和来源；考察了与"得"相关的能性述补结构多个格式间的关系和各自的来源。第三、第四章主要讨论体貌助词：从活动层面入手，理清多个实现体标记的用法并加以分类；探讨了持续体标记"到"的用法和来源，以及"到"和"在/走嗰、嗰"配合使用的情况，指出"在/走嗰、嗰"可能与潮汕方言的"在块"等有所关联；分析了先行体助词"先"的用法，指出它与广州方言的"先"及紫金客家方言、惠州方言、廉江方言的"正"的区别与联系；研究了暂行体助词"定"的用法，并与广州方言的"住"做了比较。第五章语气助词部分着重探讨了"怕"类词"怕畏"等的语法化，"言说"义动词"话"的语法化，助词"时"的多种用法，"佢""分佢"的语法化，疑问语气助词"哞"的来源及其与否定词"冇"的异同。最后在结语部分着重探讨了丰顺客家方言的两大特色：①在某些地方与潮汕方言表现出相当的一致性；②有丰富的后修饰性虚成分，助词（形尾）系统较为复杂，存在大量前、后修饰性成分共现，在语法作用上相通的语法现象。

关键词：方言语法；丰顺客家方言；助词；后修饰性；比较

---

* 中山大学中文系2006级博士研究生。专业：语言学及应用语言学。指导老师：施其生教授。

声调感知的研究

——汉语方言典型个案的实验

金健[*]

本文在传统方言学调查和声学分析的基础上，用范畴感知实验的方法对广州、陆丰东海、杭州、潮阳谷饶、湖南祁阳、重庆垫江6个方言点的单字调进行了声调感知实验。本文所选择的这6个方言点在声调格局上都有较大特色，常有同一调型多个调类并存的情况，这便于我们挖掘声调在感知上有价值的声调区别性特征，甚至找到至今学界尚未发现或未加重视的声调区别性特征。

全文共分七章。

第一章是绪论。着重介绍了本文的研究背景、声调感知研究的现状、本文的研究内容和意义以及本文的研究方法。

第二章"平拱调的感知研究"对广州方言和东海方言的平拱调进行了感知实验的研究。实验结果证明广州方言和东海方言中存在四级平调，且这四个平调在调层上存在各自的感知范畴。感知实验的结果同时显示：广州方言阳去（中低平调）和阴去（中平调）之间的感知较接近类范畴感知，东海方言阴上（高平调）和阴平（中高平调）的感知较接近类范畴感知，我们认为，广州方言和东海方言的平调在感知上的特点可能预示着两地方言的声调格局今后的演变方向。

第三章"升拱调的感知研究"对在同一个声调格局中存在4个升拱调的杭州方言的单字调进行了感知实验研究，着力考察了各项辨调特征对杭州方言4个升拱调的感知作用，并对杭州方言的其他3个单字调以及弛声的辨调作用进行了感知实验。实验结果发现，"拐前段调长""拐后段音高增幅"这两项辨调特征都对杭州方言的升拱调起重要的辨调作用，且这两项辨调特征对杭州方言的升拱调都不独立起辨调作用，这是造成杭州方言升拱调存在多种调型变体的一个重要原因。对上声调的感知实验证明"拐前段调长"对角拱调也起辨调作用。升拱调和降拱调对"拐前段调长"的感知实验结果证明，"拐前段调长"感知临界值以相对时长为常量。我们对附着在不同调音方式之后的弛声对声调的辨调作用进行了感知实验。实验结果证明，大多数声母之后的弛声不能辨调，弛声从成为调层的一个羡余特征到

---

[*] 中山大学中文系2006级博士研究生。专业：汉语言文字学。指导老师：施其生教授。

退出历史舞台似已成定势。

第四章"降拱调的感知研究"对谷饶方言的 4 个降拱调进行了感知实验的研究。实验结果发现,"拐前段调长"、"调层"、调形"凹直度"对谷饶方言的降拱调起重要的辨调作用。对"拐前段调长"的感知实验结果再次证明其感知临界值以相对时长为常量。实验结果还证明,"调长"对谷饶方言的降拱调不起辨调作用。

第五章"弯拱调的感知研究"对同一声调格局中有 6 个弯拱调的祁阳方言单字调进行了感知实验的研究。实验结果证明:"拐$_1$前段调长"的对弯拱调的感知起重要的辨调作用;"拐前段调长""拐前段音高增幅""调层"对凸拱调和降拱调起重要的辨调作用;"调头"音高对高低双折调的感知起重要的辨调作用。并证明"拐后段音高增幅"对凸拱调不起辨调作用,"调尾降拱段"对祁阳方言的 6 个弯拱调都不起辨调作用。

第六章"垫江方言单字调的感知研究"对同一声调格局中只有 4 个声调的垫江方言的单字调进行了感知实验的研究。实验结果证明:"拐前段调长""调层""拐前段音高增幅"对垫江方言的两个降拱调的感知都起到辨调作用,且此三项辨调特征对垫江方言的降拱调都不独立起辨调作用,这是造成垫江方言的降拱调在声学表现上存在调形变体的重要原因;"拐前段调长"和"拐后段调长"都对垫江方言的凹拱调起重要的辨调作用。实验还发现"音高增幅""拐前段调长"对垫江方言阴平调不起辨调作用,"拐前段音高增幅"对垫江方言的凹拱调不起辨调作用。

第七章是总论。对本章的主要结论进行了总结对比。

本文通过对 6 地方言单字调的感知实验,发现了两项目前在学界尚未发现或未加重视的声调区别性特征:"拐前段调长"和"凹直度"。通过对比普通话、杭州方言、谷饶方言、祁阳方言及垫江方言升拱调的感知实验结果,本文提出根据"拐前段调长"的不同可将升拱调分成 3 种:"直拱升调"拐前段调长的感知临界值为 16%,"短角/凹拱升调"的拐前段调长的范畴在 16%~50%,"长角/凹拱升调"的感知临界值下限为 40%~50%;通过对比谷饶方言、垫江方言降拱调的感知实验结果,本文提出根据"拐前段调长"的不同可将"降拱调"分成 2 种:"直拱降调"的拐前段调长的感知临界值为 20% 左右,"角/凸拱降调"拐前段调长的感知范畴为 35%~70%。

另外,本文还通过感知实验的方法,证明了"调层""拐前段音高增幅""拐后段音高增幅"等辨调特征在感知上的辨调作用及其在各方言声调格局中的感知临界值。

通过对比各点声调区别性特征和声调格局之间的关系,我们发现,声调格局的特点会影响各项辨调特征在感知上的辨调作用,而辨调特征是否在感知上独立起辨调作用则常常会对声调格局的共时表现和历时演变产生影响。

在前辈学者研究的基础上，本文结合声调研究实际，提出用分段函数描写声调。在实际研究中证明，这种方法能较好地描写声调曲线和声调曲线调形、调形曲线开口方向及凹凸程度，是一种可靠有效的声调描写方法。

关键词：方言；声调；范畴感知；区别性特征

汨罗方言语法研究

陈山青*

汨罗市位于湖南省东北部，处湘、赣语交汇地带，汨罗方言属湘语长益片。本文以汨罗方言语法为研究对象，通过对其种种方言语法现象深入细致的挖掘，整体而细密地勾画这一单点方言语法系统的面貌，凸显许多学界尚未报道或对汉语研究有较大价值的语法特点。

文章主体部分分上、中、下3篇，共11章。

上篇为"实词语法特点"，主要揭示实词的重要语法特征。如状态形容词"BA、AB 得、AABB、AxAx、A 弄 A 弄、AA 哩、ABB 哩、A～AB、A 里/欤 AB"等形式的语法意义、功能及"ABB 哩"形成的多种途径；"量+名"组合的有定和无定用法，量词独用及量词重叠；人称代词复数形式可有三重意义，以及少数情况下存在"复数形式单数化"用法；代词系统中指别词三分及疑问代词"尔（哪儿）"的语源探讨；等等。

中篇为"虚成分"。本篇对汨罗方言虚成分做了分类考察，在全面描写其语法意义及用法的基础上，特别对有较高价值的现象进行了深入挖掘和理论探讨。其中较重要的如各类常用副词的用法，"好、蛮、几"等同义副词的比较及"在""得""跍"类副词的来源；（准）实现体貌助词"得、开、开得、来得、去得、干"的意义、分布和使用范围及"干"的语法化途径；将实现体助词"去"和近代汉语助词"去"的源流关系；纷繁复杂的状态持续体貌形式的语法意义、用法及演变轨迹的追溯；经历体貌助词"过"的特殊表现，可分"过$_1$""过$_2$"两个，分别附在词、词组上，表达不同的语法意义；先行体貌助词"正"的语源及与客家话"正"的关系；语气助词的兼类现象，面称助词"唉、哎、哪"、话题助词"时、哩、㖠、样"的特色用法；复杂的结构助词系统、发达的补语标记助词及与持续体貌助词的同源关系；介词的多功能性、虚化的不彻底性及零形式的使用；表所在、所从由的处所介词以及动作持续、状态持续体貌形式有"使然"与"非使然"的分别；可附加在词根、词或词组上的语缀"口姐"；具有成词、标记等功能的形容词重叠式语缀"哩"；虚成分"里""俚""哩"与方位处所义"里"的音合义联以及它们同源异流的密切关系。本章的分析，把各类虚成分放在一个更切合

---

* 中山大学中文系 2008 级博士研究生。专业：汉语言文字学。指导老师：施其生教授。

方言实际情况的框架中，借鉴和运用了较多新的方法，提出了较多新的看法。

下篇为"句法特点"，着力于句式、语序方面特色的发掘。探讨的主要内容有：处置句的 14 种类型、表示"处置"语法意义的四种主要手段及两种甚至三种手段的并用；平比句、差比句的句式特点；由否定词"不、冇、唔"构成的两大中性问句类型"VP – 不/冇/唔 – VP""VP – 不/冇" 及 29 种格式；"有"字句的多种类型及复杂用法；两个"过"所形成的"V + 过$_1$ + O + 过$_2$""V + 过$_1$ + O""V + O + 过$_2$"三种句式及其来源；长音句式的多种语法意义；同形连用对举句式的复杂语义结构；双宾次序与普通话的不同表现，能性述补结构中宾补位置的多角度变换，以及状中特殊语序形态。

关键词：湘语；汨罗方言；语法；实词；虚词；句式；语序

沭阳方言语法专题研究

郝红艳*

沭阳县位于江苏省北部,地处中原官话与下江官话的分界线南侧,属江淮官话扬淮片。本文选取沭阳方言中一些具有特点的语法现象,进行专题研究。

本文在绪论部分简要介绍了沭阳人文地理概况,沭阳方言的归属,方言语法研究现状,研究目的、意义、方法,语料来源,体例说明和沭阳方言声韵调系统。第一章详细描述了沭阳方言中的名词词缀特点:缺少名词词缀"儿";名词词缀"子"使用范围极为广泛,比普通话的使用范围大。第二章沭阳方言的重叠式,通过对方言中具体的重叠形式、语义特征和语法功能的探讨,考察方言中的重叠现象。第三章对沭阳的虚词系统做了全面的探讨。副词部分,描写了具有方言特色的程度副词、范围处所副词、时间频率副词、肯定否定副词、情状副词和语气副词。介词部分,对引进时间和处所的介词、引进施事和受事的介词、引进关涉对象的介词、引进工具依据的介词和引进原因目的的介词进行了描写和探源。连词部分探讨了联合连词和偏正连词。助词部分探讨了结构助词和语气助词。第四章全面考察了沭阳方言的体貌系统,包括实现体貌、持续体貌、经历体貌、起始体貌、继续体貌、短时体貌和尝试体貌。指出体貌范畴标记来源广泛,主要有虚词、语音形式和重叠式三种语法手段。第五章沭阳方言的"使然"与"非使然",详细考察了方言中的"使然"与"非使然"现象,并探讨了"使然"与"非使然"的形成机制。第六章沭阳方言中的句法特点,从中性问句、比较句、处置句、"给"字句和"把"字句几个角度对沭阳方言中的特色句式进行了探讨。

本文立足方言事实,从个人田野调查的第一手方言材料出发,并借鉴历年来发表的有关江淮官话的研究成果,运用语言学理论,对沭阳方言的语法特点有一个较为全面的考察和认识,并发现了迄今尚未报道的一些方言事实:①沭阳方言的重叠不仅涉及音节、语素、词和短语,也反映在语音、语法和句法层面上。方言中的名词、量词、形容词、动词、副词和拟声词除了有普通话普遍存在的双重叠形式,还有三重叠或四重叠形式。具有有界语义特点的单音节形容词还可有四叠或六叠式,只能用在"动+补"结构中。动词重叠式还可以表示伴随的持续体貌和反复体貌意义。②沭阳方言持续体貌的八种表现形式,包括副词、句中助词、句末助词和重

---

* 中山大学中文系 2008 级博士研究生。专业:语言学及应用语言学。指导老师:施其生教授。

叠式四种语法手段。除了有官话方言中普遍共有的体貌助词"着"之外,还有一个表持续的形式系列:副词表动作持续,句中助词表状态持续,句末助词表事态持续。这一点与汉语的东南方言闽－吴方言的持续体貌相似。③沭阳方言中的动作持续、状态持续体貌形式是由表处所的介词结构虚化而来的,有"使然"与"非使然"之分。④沭阳方言中相当于普通话存在义"在"的有三个词,"待、搁、蹲"有"使然"与"非使然"之分。⑤沭阳方言的处置式有"跟"类、"给"类和"把"类三种处置句式,共十三种变式,处在不同的语言历时发展层次上。⑥沭阳方言中存在"把一本书给他"的连谓句,由于"把、给"同义,"给"字可能脱落,从而形成"把(一)本书他"语序的双宾句。"把一本书给他"与"把"字处置句本质不同:连谓句"把一本书给他"中"把"后的宾语是无定的,而"把"字处置句中"把"后的宾语是有定的。⑦沭阳方言没有保留"k－VP"型中性问句。在"V－neg－VO"和"VO－neg－V"的类型问题上,沭阳方言与吴语、粤语、闽语和客家话的南方方言类型一致,使用"V－neg－VO"式句式。

总之,全文在力争全面揭示沭阳方言语法全貌的基础上,针对方言中有特殊表现的语法现象,进行了重点挖掘和探讨,并通过与其他方言的比较揭示了处在官话区内的沭阳方言富有个性的语法特点。

关键词:方言;语法;沭阳方言;专题研究

青葱岁月

谁仅靠一张嘴就能拼出所有国际音标？

陈高飞*

国际音标共有107个单独字母。

谁仅靠一张嘴就能拼出所有国际音标？

他就是施其生教授。

在我读研究生期间，施老师超强的语言能力给我留下了极其深刻的印象。

我来自粤西高州，老家方言接近信宜话。我研究生的专业是语言学及应用语言学，从本科开始，在李炜老师、陈小枫老师、麦耘老师等老师的教导下，我对现代汉语和方言产生了兴趣。在研究生期间，我毫不犹豫地选修了施老师有关方言调查的课程。至今我还清楚地记得，当时我们是在文科大楼对面的外国语学院一楼大阶梯教室里上这门课的。谁知道一上课很多研究生就懵了，我估计当时来自北方官话区的同学更懵。

要做好方言调查，首先必须学好国际音标——施老师开宗明义，向大家展示"国际音标表"。好家伙，元音加辅音一共100多个字母，都得学。不单得会念，还得会听、会记。尤其是元音表，更是重中之重。施老师使出了十八般武艺，亲自上阵，亲身示范，教我们发音。

那时还是21世纪之初，没有什么互联网资源。而且如果只是让大家听录音，估计大家还是听不明白。要学好元音，除了听，还得看口型，所以施老师亲自示范，手把手教我们。

施老师首先展示了经典的"元音发音舌面位置图"。虽然至今已经过去了20多年，但让我永远无法忘记的是，这个图非常形象地展示了一个面向左侧开口的人的嘴部的发音部位。

图中的元音，越居左则舌头越向前伸出（舌位越前），越居右则舌头越向后缩回（舌位越后）；越居上则口张开得越小（舌位越高），越居下则口张开得越大（舌位越低）。而同一舌位成对的符号还有圆唇与非圆唇之分，其右者为圆唇元音，左者为非圆唇元音。

施老师惟妙惟肖地逐一演示每个元音，他的嘴巴就像一台精密机器一样精准地定位舌头和嘴型，精确地发出每一个元音，显示每一个元音之间细微的差异，而且

---

* 中山大学中文系1998级本科生、2002级硕士研究生。

还能在学生提问时极其准确地复原学生指定的任意一个元音，可谓分毫不差、丝毫不乱，让所有同学叹为观止。其间，施老师的嘴巴完全不会打架，而台下的很多研究生一开口就说不利索，经常舌头不听使唤，发出一些怪叫，不时引起哄堂大笑。

但施老师极其有耐心，科学安排进度，每次课教几个元音，反复演示，让大家仔细观察他的口型、舌位，包括正面和侧面的形状，仔细听他的发音效果，然后让同学们反复模仿，反复练习，逐一过关。终于大家慢慢走上了正轨，都掌握了这一经典的舌位图，不单会念，还都会记符号了！

谁知道最后施老师来了一招狠的——等到教完全部元音，施老师直接进行堂测，听写所有元音音标！他随机念出一个元音，我们就记对应的音标符号。施老师面带微笑、非常淡定地宣布了这一消息，课堂顿时炸开了锅！

我们只好硬着头皮接招。很快偌大的阶梯教室变得死一般沉寂，安静得似乎连一根针掉在地上都听得见，大家都屏气凝神，不敢吸一口大气，如同在集体潜伏要打一场硬仗。

施老师不慌不忙，开始像沙场点将一般，在元音表中随机抽中一个元音并念出来。同学们抓耳挠腮，一边小声地模仿跟读无数遍，一边拼命回忆施老师之前上课时的发音以做比对，冥思苦想半天才敢在答卷上战战兢兢、忐忑不安地写下一个元音音标……

最后，大家把各自写满了元音音标的答卷都交了上去，施老师亲自改卷。结果得益于我的粤语方言基础，我这次堂测成绩还算不错，心里极其庆幸——施老师读的元音我绝大部分都猜对了！

这次堂测让大家非常难熬，我感觉那节课似乎过了一万年，那应该是我在中山大学七年里印象最深刻的堂测了，没有之一。

在我读研究生期间，施老师还教会了我们其他很多语言学知识，给予了我们非常多的帮助。而施老师治学的严谨、教学的耐心，也给我留下了永难磨灭的印象。我想，这就是中山大学诸多优秀老师教予我们最重要的学习精神吧！

感谢施老师！

我与施老师的二三事

罗婉纯*

与其他同学不同，我在本科和硕士研究生阶段研究学习的方向并不是现代汉语，和施老师的直接交集并不多。我与施老师熟起来是因为微信。在毕业十几年后，大概2017年左右，某次偶然的机会，我添加了施老师的微信，成为微信好友。当时，中学母校汕头一中制作了校史画册，因缘际会获知施老师不仅是我的老乡，还是我的中学校友，就将电子版画册发给了施老师，与老师的距离一下子就拉近了。

在成为网友之前，对施老师的印象，既有老师和同学口耳相传的博学广识，也有珠海校区"现代汉语"课堂上的平易近人。博士生导师给本科生讲授基础课，是2000级珠海校区第一届学生独有的运气。

微信中的施老师，活泼又有趣，常常让人忘记他的真实年纪。用聚会照片刷屏，讲中文系的老师和故事，介绍校友和学生的最新成就，把散落各地的校友联结起来……对于时常"潜水"微信群的我来说，他是一枚妥妥的网络社交活跃分子，饱含着对校友、学生满满的鼓励和爱护。

与老师的私聊，大多是围绕家乡建设、风土民俗、潮汕方言，等等。有次聊及潮汕方言在其他语言（方言）借词的问题，老师认真讲解，详细举例，恍惚之间竟有一种回到课堂的感觉。还是那么深入浅出，还是那么让人如沐春风。

大概在2022年中秋时节，张燕芬同学转达了老师的关心和问候，问起我的工作累不累。当在微信上看到这些话的时候，一瞬间竟泛起了酸楚的滋味。时值疫情防控期间，我身处基层单位，核酸检测、封控加班是工作常态，朋友圈时常会发加班的境况。母亲于2021年国庆前夕突发脑出血后几近半身瘫痪，辗转汕头、广州多家医院进行康复治疗。按照疫情防控要求，医院住院部需封闭陪护。我与父亲只能将母亲交付给护工照料，偶尔才能在母亲做各种检查或者转院的空隙见上一面。我们时时放心不下，几乎每日都是在去医院送餐、送物资的路上。与医护沟通、办理转院手续、协调护工阿姨、购置各类物资、为母亲备餐……凡此种种，占据了我与年迈父亲大部分的日常生活。只是，母亲最终没能打赢这场仗，于2023年初驾鹤西去。一年零三个月的煎熬，因至亲病重的担忧奔波，加之工作的重重压力，我身心俱疲。当时关于母亲的近况和病情，除了个别关系密切的亲友之外，我也未曾

---

* 中山大学中文系2000级本科生、2004级硕士研究生。

对外讲过，包括老师。然而，隔着网络的那一端，老师敏锐地捕捉到了我疲惫的信号。被人看到和记挂的感觉温暖又美好，是足够让人记一辈子的。

　　寥寥数语，不足以描摹老师全部的好。这于我而言的温暖瞬间，是老师对待众多学生寻常不过的关心。毕业廿载，人生路并非坦途，不免经历挫折、遭遇风霜。然而，正是因为有老师的关爱，如同珠海的风、康乐园的绿一般，不断鼓励、温暖、陪伴我前行。

青葱岁月

我在中山大学的美好时光

曹凤霞[*]

时光荏苒，日月如梭，一晃儿我从中山大学毕业已经20年了。如今，在中山大学成立100周年，在我的导师施其生先生80周岁寿诞之时，我怀着无比自豪的心情，打开记忆之门，回想那个引领我学术之路启航的地方，搜索校园中每一个角落清晰的身影、畅享教室里课堂上那些老师们讲课的画面，呈现我的导师课堂上的身影、指导论文的场景、带我们项目调研的经历，想起同学们一起讨论、一起拼搏的种种，一桩桩、一件件，魂牵梦绕，历历在目。

2001年9月，我拿到中山大学研究生录取通知书，踏上南下的列车，来到我盼望已久的学校，开启我人生最重要的学习生涯。在这里，我感受到绿树成荫的美丽校园的旖旎风光：驻足孙中山铜像、陈寅恪故居、惺亭、永芳堂、进士牌楼、国立中山大学牌坊等建筑前，倾听中大的声音，感受中大的力量，校训"博学、审问、慎思、明辨、笃行"成为我前进的动力和方向。在研究生学习经历中，中山大学中文系授课教师们严谨治学的精神、特有的科研教学方式，为我走上科研之路奠定了坚实的基础。

我的导师施其生教授在"方言"课堂上，重点进行了方言语音和语法教学。老师对语音知识深入浅出的讲授，对学生家乡方言语音、语法等方面是否存在独特性的甄别方法的讲解，让我茅塞顿开。印象最为深刻的是，老师让我们使用国际音标记录方言字音的声、韵、调。我是北方人，方言声调中没有入声，也没有粤语方言中的那么多声调，开始记录声调时有些不知所措。但老师的记录声调训练从不因我们的个人差异而手软，谁跟不上，老师就专门找谁来回答，而且要求回答准确、快速。每次上记音课，我们都非常忐忑，这使得我们上课非常专注：跟着老师打着节拍，挥舞着手势表达调值的高低；打开口腔，大声模仿着读出各地方言的发音。不知不觉地在欢声笑语中，我们所有人的记音准确率和速度得到迅速的提升，大家学习方言的劲头儿也渐入佳境，逐渐喜欢上了方言课。当年，我们一届有4名同学，分别是姜华华、黄蕾、姚明娟和我。大家来自山东、广东、湖南和东北等不同地域，方言之间差异大，而老师总有办法让我们把自己方言中独特的语法现象逐一列出，并且给予归纳和总结。这不仅使我们对多地方言有了一个概况性的了解，而

---

[*] 中山大学中文系2001级硕士研究生。

且对自己的方言有了更科学的认识。也是在上课讨论中，我敏感地捕捉到了家乡方言的一些特殊现象，其中，东北方言"人称代词+家（词缀）"形式就是在这种背景下找到的一个研究题目。通过语料查找和调研，我还真是收获满满，并发表了相关论文。2003年，和导师一起到潮汕地区进行方言调查研究，我和陈淑环、谢琳琳三人负责惠来县城的方言调查。当时记音中涉及声母f的发音，发音人的发音很特别，我们难以确认，就电话向远在另一个城市的老师请教，最后落实了可以记为Φ，这让我大开眼界。调查过程也有诸多的启示。使用老师给我们的一套调查大纲，通过发音人进行调查，让我在学术之路上完成了思想上的一次质的突破，并理解了方言的特殊性，这可以为刑侦工作提供破案线索、发挥重要作用。这次调研工作，让我了解和掌握了方言调查的基本框架和思路，让我感受到语言应用是一个不错的研究方向，也为我日后的方言调查课题和语言应用研究课题提供了实战经验。我的硕士论文选题是《吉林方言代词研究》（收录在本人的专著《东北方言的话语模式研究》中），灵感来自导师《方言论稿》中的"汕头方言的人称代词、汕头方言的指示代词、汕头方言的疑问代词"等内容。我的博士学位论文《汉语被动标记更替历时研究》，题目的获得是受到导师《方言论稿》中的"汕头方言的几种句式"的启发。虽然这个专题提到的处置句式、被动句式、被动-处置句式只有6页的描写与分析，但这种特殊句式的烙印让我大感兴趣，因此，有了从汉语史角度对被动标记进行历时研究的选择。此选题也获得了教育部人文社科项目，成果也已经出版为专著。另外，《方言论稿》中"汕头方言的体"这部分内容我曾经读了一遍又一遍，今天翻来，书页中重点标注、画线和批注，仍会让我想起当年对进行体、持续体中"已然"与"使然"的纠结和探讨，以及曾经对这种语法形式进行的研究。在硕士学习期间，值得一提的事情还有，通过老师的指引，我阅读了大量认知语言学、汉语语法化、汉语方言等方面的书籍，积累了扎实的学术研究基础，尤其对方言语法有了非常深入的认知，对于一些方言的语法句式，我除了归纳分类，还能从多个角度进行分析。这也是我感受到的中大的育人模式，是让学生从实践回到理论，从而能够运用语言学理论更好地解决实际问题，而不是死读书、读死书。

我们2001级的另外一位导师周小兵教授对我们的指导也非常到位，他的"现代汉语语法"课程使我受益匪浅。尤其是在语料基础和研究选题方面，周老师的教学方法，为我开启了汉语研究的一扇门，让我找到了自己的科研方向。读书期间，在周老师的指导下，我的论文《副词"曾经"与"已经"》在北大核心期刊上发表了，这极大地增强了我做科研的信心。唐钰明教授的"汉语词汇史"也是学生们非常喜欢的课程。唐老师以博大精深的词汇史理论体系和科研问题导向，指引着我们课下认真查阅资料，努力完成老师布置的选题。每一次课堂汇报，我们都非常卖力，但总有一些不到位的点被老师指出来，每一次课的信息量都是非常大的，让我们收获满满。说到麦耘教授，他的"音韵学"课程是我在中文系学过的"最难课程"，没有之一。因为我的导师施其生教授非常重视这门课程，一再叮嘱我要去听课，闯过音韵学这一关，才能做好方言研究。于是，不管是不是对我们这一级开设，只要看到中文系课表中有麦耘老师的课，我都会过去听，但遗憾的是我的北方方言语音中没有入声，"音韵学"这门课我学习得不够好，致使博士研究生时期跑去读了汉语史，没有在方言的方向上扎下去。好在也算圆满，我在求学的过程中，把"古代汉语—近代汉语—现代汉语—方言"做了一遍，既涉及汉语史的纵向研究，也涉及"古—方—普"，以及某个历史阶段某种语法问题的横向研究，在语法领域中有了自己独特的研究视角和方法。为我们这一级授课的老师还有李炜教授、郑刚教授、谭步云教授、陈焕良教授等，他们的治学精神、学术水平以及教学经验都给我们留下了深刻的印象。

二十载，弹指一挥间，可以说，中山大学中文系，是我生命中的灯塔，是我走上科研道路的起点，我的导师施教授在我人生道路上一直如灯塔上的明灯，照亮我前行的路。记得我申报课题时，为了课题的名称在老师家中讨论，老师吸着烟，在室内徘徊，一个细节一个细节地对接，最后找到"被动标记更替"的视角，敲定了题目，而正是这个题目，让我获得了教育部人文社科项目。也记得，2015年我在北京大学访学，差不多耗费了一年的时间，我撰写了一篇论文，投稿《文学理论研究》。临近截稿日期，我始终感觉不满意，主要是论文的结构和逻辑不是很顺畅。看着一万多字的稿件，我不知所措，但又不甘心。在身心疲惫中，我想到和老师讨论讨论，或许有不一样的思路和改变。于是，我把文稿发给老师。在忐忑等待后，老师通过电话，把不是他研究领域的万字论文，一段一段地梳理逻辑，理清观点，重新调整。经过一番整理，我自己都感觉论文的档次一下子就提升上去了，深刻体会到"思路决定出路"这句话的内涵。最终，论文在《文学理论研究》上发表了。老师无私的支持和鼓励，让我在毕业后一路成长。每每师门相聚，只要有时间，我都会积极参加，因为这里有我们温暖的家园和事业的起点，恩师之情永记心间。

近代著名学者王国维先生在其文学评论专著《人间词话》中曾有过这样一段话：

> 古今之成大事业、大学问者，必经过三种之境界："昨夜西风凋碧树。独上高楼，望尽天涯路。"此第一境也；"衣带渐宽终不悔，为伊消得人憔悴。"此第二境也；"众里寻他千百度，蓦然回首，那人却在，灯火阑珊处。"此第三境也。

我在学习期间和工作岗位上，都以此为勉，努力向上。现在，我是广东工业大学一名教授，硕士生导师，国家级普通话测试员，广东省本科高校中国语言文学类专业教学指导委员会委员，中国新闻史学会理事，国家艺术基金评审专家，全国社科同行评议专家，广东省职称评审中文组评审专家，广东省普通话水平测试一级复审专家暨测试质量监督员，诗词诵读评审专家，广东省高校教师教学创新大赛评审专家，主讲省级一流本科课程。我一直致力于汉语研究、文化传播、非遗文化的活化与传承、公共文化服务、通识教育等领域的教学科研一线工作，时刻以中大校训和中文系教授们的治学精神为指引，做一名合格的大学老师，让中大的治学理念和教育精神在我的学生身上延续下去。

青葱岁月

我的导师施其生先生

黄婷婷*

在中山大学中文系读本科的时候,我对语言学课程最感兴趣,后来读研便选择了汉语言文字学专业。在中大漫长的求学生涯中,很多老师都给我留下了深刻的印象,其中对我影响最大的是我的导师施其生先生。

第一次见到先生,是在2001年的夏天,大一下学期"现代汉语"的课堂上。先生穿着西装,打着领带,个子不高,眼睛不大,但是整个人显得特别精神。当年好些老师都有一套自己的穿衣风格,比如师飙老师总是一身黑色劲装,T恤加皮裤,林岗老师的标配是浅色休闲裤搭上运动鞋,麦耘老师经常穿纯色的棉质唐装上衣。先生天热的时候是衬衫西裤,天冷了便会加上西装外套,一直是类似的简约风格,只是时不时变换一下款式。那一年,他刚从日本访学归来,还延续着在日本时的穿衣习惯,大夏天的也穿着外套。先生的语法课堂跟他的穿衣风格很像,简单又利落,平实而有趣。先生总是有举不完的例子,打不完的比方。讲层次分析法,把它比喻成叠床架屋,举的例子是"咬死了猎人的狗"。先生当时说了一句:"经典的例子永不过时。"后来,当我自己也走上讲台,讲到层次分析法时,首先想到的也是这个例子。在我的课堂上,我也喜欢举例子和打比方,但是总觉得缺了一分随心所欲和信手拈来,大概是修行未到吧。

大三的时候,我选修了先生的"汉语方言调查"课程。上课的时候,经常是几十个人一起练习发音,而先生总能一一指出哪些同学哪些音发错了,每每都引发我们一阵惊叹。而在先生看来,这个叫作基本功。讲到方言间的语音差异,先生举"山河锦绣"为例,这四个字分别对应普通话的四个声调,先生用普通话念一遍,再用山西话念一遍,山西话跟普通话的声调差异便凸显出来了。说到方言间的词汇差异,先生说山西产煤,关于"煤"的分类便会细致很多,相应地也会有"×煤""×炭"等不同的叫法,但在其他地方,"煤"通常就只有"煤"这一个统称。谈到方言间的语法差异,那就更是有举不完的例子。也许就是从那时候开始,我对方言产生了兴趣,意识到研究方言是件有趣而且有意义的事情,即便只是单纯地记录,也值得认真对待,如果能够从中抽取出规律,挖掘出特点,那就更是好玩。

我的同学金健在本科阶段就基本确定了自己的研究方向,清晰地认识到自己打

---

* 中山大学中文系2000级本科生、2004级硕士研究生、2006级博士研究生。

算做方言研究。而我在开始读研之后,也还不知道自己应该往哪个方向发展。然后,在某一天,金健问我:"要不要一起学方言?"那一刻,我的脑海中浮现的是先生的身影。于是,我说:"好啊!"

  研究生的课程跟本科生的不大一样,我们跟先生有了更多的交流机会。先生讲起课来,不用教材,没有板书,不需要课件,所有的东西都在脑子里,张口就能顺下来,一讲一上午,中途不需要休息。我经常在心中感慨:"先生精神头可真好啊!先生思路可真清晰啊!"有时候,白天上完课,晚上几个同学约着一起到先生家里蹭茶喝,既可闲聊,也能探讨学问。先生兴趣广泛,懂医理,会弹古筝、拉二胡、弹琵琶,还玩摄影,对养花种草也颇有心得,于饮食之道就更是自带天赋。先生家里,书房的窗户对着阳台,阳台上摆满了各色盆栽,大多是赏茎观叶的植物,郁郁葱葱,遮挡了大半的光线。先生的电脑桌就在窗边,旁边还有个门直通阳台。两侧是满墙的书柜,中间摆着一架古筝。先生弹奏古筝、二胡、琵琶都是童子功,小时候还曾登台演出过。每次去先生家,都能听上一曲古筝。学问之道,先生常拿学乐器作比,做学问和学乐器一样,基本功最是要紧,一开始路子走歪了,后面难免越走越歪,就很难达到高深的境界了。先生早年间在山西工作时当过医生,偶尔也会跟我们聊起这一段经历。山西盛产小米,当地人觉得小米很有营养,坐月子的时候便只喝小米粥,但其实这样反而会导致营养不良,当年先生就见过好些相关的病例。延伸开去,便是各地都有各地的月子专供食品,比如广州是猪脚姜,梅州是娘酒鸡……现在坐月子喝小米粥自然不至于营养不良,猪脚姜、娘酒鸡吃多了倒可能营养过剩。一方水土孕育一方风俗,时代变迁也会在其中留下印迹。

  读研的时候,最快活的时光是暑假跟着先生去做田野调查。在课堂上学的国际音标和调查方法,都是在调查实践中历练之后才真正有些心得的;课堂上学到的知识点,也在调查的过程中得以印证。做调查的时候,要录音,要记音,回头还要花很长时间整理材料、核对材料。2023 年,先生的著作《闽南方言语法比较研究》出版,而相关的田野调查,如果我没记错的话,语法条目早在 2006 年就开始了,如果考虑到前期的语音、词汇调查,那就要往前推个两三年,如果考虑到语法例句的选取和设置,就更要往前再推个几十年,从先生开始研究汕头话语法的时候算起。先生说过,没有长时间的积淀,是没有办法做好方言研究的。

  先生有时候会说起早年调查方言的经历,都是随身带着水桶铺盖,晚上要么打地铺,要么睡在拼起来的课桌上,出门的时候往往是夏天,常常被蚊子叮得满头包。轮到我们的时候,能住酒店,能吹空调,已经是非常惬意了。但是其实也轻松不到哪儿去,每一次都是时间紧、任务重,总想着要把时间花在刀刃上,能够出门晃悠的时间往往只在饭点。师门里流传着一个说法:每个被调查过的发音人都要多多少少生场病。大概是因为扛住了高强度的调查,一旦松懈下来,反倒不适应了。调查团队里,也偶尔会有水土不服的情况出现。有一年在饶平,馥琼师姐连着几天发烧，大家以为是上火了，先生通医理，给开了方子，然而效果不明显。后来撑不住去看了医生，才确诊是智齿发炎了。还有一次是在汕头，我突然就肚子疼，一疼一整天，吃了整肠丸也不见效，只能连夜去医院打吊针，原来是急性肠胃炎发作了，说到底，还是贪吃惹的祸……有时候，也会找不到合适的住处。有一次在一个小镇上，大家住在派出所旁边一个闲置许久的地方，进门先打蟑螂，打完蟑螂清理房间，还得下楼去拎水……其实经常有发音人表示不解："我们这儿的话太土啦！调查这个有什么用啊？"我们便会跟他们解释：地道的方言，就是巨大的宝藏库。那些年，从广东到福建，再到海南，我们跟着先生走过了不少城市，但是大多时候都来不及好好看看那些城市，每一回，都是来去匆匆，最悠长的时间都用来跟发音人交流了。田野调查的苦与乐，就是在这一次次的调查实践中累积起来的。回想起来，满满的都是怀念。

先生时常怀念他的导师黄家教先生，有时候会跟我们说起黄先生的一些事情。其中有一个段子跟客家话的语音特点相关：

> 有一次，我孙子幼儿园放学回来，一股劲儿念着："贫下中农洗菜心，洗——菜——心！"一边念还一边跳起舞来。我奇怪怎么"洗菜心"还编成舞了。再一想，突然顿悟：他老师肯定是个客家人！客家人古全浊声母字现在全部读送气，有些客家人说普通话会把"在"说成"菜"。他老师本来要教他的是："贫下中农喜在心，喜——在——心！"

先生大学毕业之后，在山西工作过十年，上课时举到的一些例子便来源于当年在山西的生活体验。当我听到这个故事的时候，一时间恍然大悟："原来把生活经验搬到课堂上也是有师承的啊！"我在给学生介绍客家话时，用上了这个例子，他们觉得很有趣，同时又觉得"贫下中农"离他们很遥远，我就跟他们说，因为这个例子源于我老师的老师的生活啊。

"家教"和"其生"这两个名字都跟"老师"这个职业有着高度的适配性，连在一起看也很有意思。韩山师范学院的罗英风教授曾经把两个名字放在一起出过一个上联——家教教授受自家教，以施其生施其生。先生曾说过他这个名字再加上他这个姓氏，注定是要当老师的。确实，师如其名，先生是个好先生，教给学生很多知识、很多方法、很多道理，令学生受益良多。

经师易得,人师难求

——记忆中浮现的恩师光影

金健[*]

在中山大学中文系,我度过了从本科到博士的 9 年时光。我会走上语言学道路,跟麦耘先生有很大的关系。大二时,麦耘先生给我们上音韵学课,让我立志从事语言学研究。而我能在语言学研究道路上走得踏实,又不得不深深感激我的导师施其生先生。

我最早听先生上课是 2001 年大一下学期的"现代汉语"课上,先生上课风格深入浅出,举的例子既有代表性又通俗易懂,有些例子我至今还记得。比如,讲到潮汕人前后鼻音不分,撮口呼说成齐齿呼,先生会举例潮汕人把"站在船头看郊区"说成"站在床头看娇妻";说到地方文化对词汇的影响,先生举例说:山西产煤,山西人说话分"煤"和"炭",粉末状的叫"煤",块状的叫"炭",广东人就都说"煤"。同学们常在欢声笑语间就把重要的知识点记住了。先生这种接地气的授课风格,对我的影响很深,我现在给学生上语言学类课程时,也坚持每教一个知识点都必须举例子。

大四时上先生的"汉语方言调查"课,让我对先生敏锐的听力叹为观止。班上三四十个人一起上课,所有人一起随便发国际音标哪个辅音、元音或者声调,哪个人没有发对,不管这个人坐在教室哪个角落,先生总能一下指出来谁错在哪儿,又准又快。我们好奇问先生为啥能那么厉害,也是那个时候,我们才知道,先生玩了几十年的二胡、古筝还有琵琶,水平还都是专业级,此时心里真是不得不写一个大大的"服"字啊!

研究生课因为是小班课,我们跟先生能有更加充分的讨论。先生在课上很鼓励学生跟老师讨论甚至争论学术问题。他常说:"如果学生只会说老师说过的话,那才是当老师最大的失败呢!"因为有了先生给的"免死金牌",我常在课上因为某些问题跟他争论起来。还记得我研一时用实验语音学的方法归一了广州话和汕头话的声调,发现结果跟先生课上讲授的不同,我把实验结果拿出来跟他讨论:广州话上阴平和汕头话阴上调的调值并非他课上所讲授的 [53],而是 [51],广州话的阴上调,调值并非 [35],而是 [25]。先生没有因为我当堂反驳他而不开心,而

---

[*] 中山大学中文系 2000 级本科生、2004 级硕士研究生、2006 级博士研究生。

是根据我的实验结果，反复琢磨比较，最后肯定了我的意见，并在之后发表的与汕头话、广州话相关的论文中，都按照我归一的调值去记录。先生这种实事求是、尊重科学、宽容豁达的治学风格深深影响着我和师门中的每一个人。

2006年我在社科院语音室进修时，有一次碰到李蓝教授，他知道我是施其生教授的学生后，很好奇地问我："你是施其生的学生，为什么你不做语法，却做实验语音学？"确实，在我之前，中山大学没有老师做实验语音学相关领域的研究，中文系也没有开设相关课程，我会走上实验语音学的道路，完全是因为先生独到的学术眼光和远见。

2003年暑假，我正式师从先生学习语言学。先生自己的研究领域以方言语法为主，当时他正好在做闽南方言的语法项目，我也很想参与进去，跟着先生做闽南话语法。然而，在跟先生的交流中，他了解到我当时正在华南理工大学学习高等数学，先生当时就想到，中文系学生能学得进高等数学，实属难得，语言学研究的未来方向需要文理结合，他从我的实际情况出发，鼓励我做实验语音学研究，还特别指出让我从声调入手。先生认为，声调是汉语区别于印欧语的重要特点，而且在汉语方言中的表现非常复杂，里面有很多奥妙需要探讨。西方实验语音学的研究在总体上比我们领先，但是在声调方面的研究还比较薄弱，因此，汉语方言中声调的实验语音学研究大有可为，中国学者应该在这方面做出自己应有的贡献。先生的这个建议，让当时的我大吃一惊，因为中文系没有相关课程，我完全不知道从何下手。先生笑着跟我说："科学研究不就是摸着石头过河，有老师引路固然好，没有就自己摸出一条路子来。我的导师黄家教先生主要做方言语音研究，我的方言语法也是自己摸出来的！我相信你也可以！"先生的话给了我很大的鼓舞，我似懂非懂地开始了实验语音学方向的自学和摸索性研究。

先生虽不从事实验语音学研究，但他总能在我研究的关键之处给予我及时而精准的指点，当我沉浸在语音标注、数据分析中不可自拔时，他总是跟我反复强调，做实验语音学是利用实验语音学的方法解决汉语方言语音当中的理论问题，千万不能为了做实验而做实验，那会沦为语音标注和数据处理的技术工，必须要带着思考做实验。也正是因为这个原因，他推着我去调查全国各地的方言，在实际田野调查中培养听音记音能力，从活的语言当中发现问题。也是在多年田野调查中，我跟着先生不断在田野中发现有意思的声调现象。最终，先生建议我博士学位论文研究主攻声调感知，因为只有声调感知的研究可以充分发挥汉语方言工作者的学术作用。

从2004年我本科毕业的那年暑假，一直到我博士毕业，除了2006年先生去日本的那一年，印象中几乎每年暑假，先生都带着我们去做田野调查。我们的调查足迹遍布福建的厦、漳、泉地区，整个广东潮汕地区，一直到海南岛。

田野调查期间，先生的严谨学风给我留下了很深的印象。调查过程中但凡碰到记音疑难，他会坚持反复核对、比字，直到确认无误为止。还记得我们在潮阳海门调查，由于海门方言多降调，很多调值到了连读变调里，听起来非常相近，阴平和阴去前变调分别是［33］和［44］，阳平和上声前变调分别是［441］和［41］，听感上非常容易混淆。先生现场就想出"花车、回车、货车、会车、火车"五个词让发音人比对，一比词，调类调值的结论就出来了。

　　先生常说：对田野调查的记音工作来说，99分就是不及格，因为如果你的记音材料里100条有1条错的，那就像理科的数据100个有1个错误，得出的结论就可能就是错误的。不可靠的结论哪有科学价值？这样的材料还害人，如果别人引用你的材料，正好引了你的这个错误，那你就害人不浅。先生这种严谨的学风深深影响了我，在我后来的学术道路上，但凡是我参与的田野调查项目，我总要对自己的记音结果反复核对，力求准确。前几年，我承担了教育部濒危方言项目"海南陵水疍家话"的调查、记音工作，光同音字表，我就前后找发音人反复核对了5遍，对调查记录的一丝不苟已经成了我的习惯。算起来，这是20年前就在先生的影响下形成了的。

　　在一般人的概念里，教授给人的印象总是比较严肃的，而先生打破了我的原有认知。课堂上跟我们谈学术问题的时候，先生是严谨深刻的；课堂下先生跟我们的相处模式，与其说像师生，不如说更像朋友，虽然他年长我们很多轮，但我们跟他交流起来毫无代沟。还在读研的那几年，晚上没课的时候，最喜欢的就是几个同学一起，上先生家喝茶。喝茶时，有时候跟先生讨论学术问题，有时候听先生跟我们讲茶的学问，讲中医的博大精深。兴起时，先生会拿出家里的古筝、二胡或者琵琶演奏一曲，我虽不懂音乐，但先生功底深厚，常能让我不知不觉沉浸到音乐的世界里。一曲《二泉映月》会让你进入一种深邃的意境，一曲《草原新牧民》，又让你感受到草原牧民的豪放欢乐。古筝曲有不同流派，听过先生弹《渔舟唱晚》《高山流水》《出水莲》《寒鸦戏水》，不同流派的曲子，不同地方特色，真有点像方音各异。还有琵琶，弹奏手法之多，令人眼花缭乱。听说有些技巧很难练，也不知道先生怎么就能学会。先生常跟我们聊几十年玩音乐的感受：无论是学二胡、古筝、琵琶还是别的任何乐器，想要后面能走到高水平，早期的路子、基本演奏方法、基本功训练非常重要，如果一开始老师教错了，学生运弓或者拨弦的发力方法错了，后期改起来会困难万分，但如果不改，是没法达到专业水平的，更没有攀登高水平的希望。先生说他就是因为从乐器演奏中悟到了基本功的重要性，才对我们语言学学习上的学风、研究方法和基本功培养特别重视。先生最常说的一句话就是，"取法乎上，仅得其中；取法乎中，仅得其下"，教导我们对自己必须有高要求。也正是因为先生的严格要求，得益于此，我才能在先生的带领下摸爬滚打多年，终于练就了一双田野调查听音记音的好耳朵！这双耳朵，帮助我在田野调查中发现了不少没有被前人注意到的语音新现象。我想，这真的和先生学音乐要练就扎实的硬功夫是道理相通的。

有句话说"经师易得，人师难求"，先生对我来说，就是一位真正的"人师"。先生不仅深深影响了我的学术道路和学术风格，同时也深深影响了我做人做事的态度。学术之于先生，全然不是一件沉重的事情，而是一项充满挑战和乐趣的游戏，先生从发现问题和解决问题当中获得快乐，也因此，他只在意自己做出来的文章是否有新发现，是否经得起推敲，而从不在意旁人的评价，还常常不急于发表，更不在意荣誉和头衔。他的淡泊和低调不仅影响了我，也多少影响了师门中的兄弟姐妹。

退休后的先生寄情音乐、中医和茶道，也仍关心语言学学术的发展。2013 年，他受到广州番禺区沙湾镇政府邀请，带我去沙湾调查，并主笔撰写了《沙湾镇志》的方言志部分。后来我做教育部濒危方言项目，邀请先生帮我把把关，先生也欣然应允。2023 年 5 月，先生的著作《闽南方言语法比较研究》出版，这套书的田野调查工作，从 2006 年我还在读研究生时开始，直到 2023 年才出版，可见个中艰辛。近几年，先生还在线上、线下做各种学术报告，应邀参加各种学术活动和学术会议。

行文至此，我仿佛又回到了那个青葱时代，脑海中闪过一幕幕当年跟随先生一起下田野的画面。我想，我又得去先生家讨杯茶喝了，跟他一起聊聊那段充满激情的岁月……

偷师结下师生缘

柯登峰*

1999年，我考进中山大学计算机系，本科毕业后，继续在中大计算机系自动化专业攻读研究生。2001年，我有幸在欧贵文老师带领下参与了广东省公安厅声纹识别系统项目。这个项目不仅让我初步领略了声纹识别的魅力，更在欧老师的悉心指导下，点燃了我对语音识别领域的研究热情。

为了深入研究语音识别，大约在2003年，我偷偷溜进了中文系的课堂，旁听施老师的汉语方言调查课。尽管我是个零基础的门外汉，但施老师深入浅出的讲解方式让我一听就懂，加之同为潮汕人，更是倍感亲切。这次偷师的经历不仅让我掌握了发音、听音、辨音和使用国际音标记音的基础知识和技能，更让我能够无障碍地与汉语言文字学专业的同学交流，拓宽了我的学术视野。

在施老师的课堂上，我有幸结识了金健、徐馥琼、黄婷婷等一批志同道合的朋友。我们一起探讨学术问题，分享学习心得，相互鼓励和支持。这段经历不仅让我收获了知识，更让我收获了珍贵的友谊。

2005年，我得知施老师暑假将带学生到潮汕地区进行方言调查，便毫不犹豫地申请加入团队。这支方言调查队伍可谓声势浩大，施老师带领着徐海英、陈丽莹、黄婷婷、金健、徐馥琼和赵敏等多位学生，再加上我这个计算机专业的插班生，整整坐满了一张桌子。我们满怀激情地离开了中大，分头前往澄海、棉城、海门等地。

临行前，施老师再次对我们进行了培训，详细讲解调查的方法、调查大纲中的要点和需要注意的地方。然后，在老师的带领下，一群小年轻就这样在欢声笑语中，满怀好奇和期待地开启了方言调查之旅。

那时候，文科项目经费极少，但为了锻炼学生的田野调查能力，尽管经费紧张，老师依然坚定地带着我们踏上了前往潮汕地区调查的道路，尤其我还是个外系学生，施老师这种"有教无类"的胸怀让我感佩于心。我和徐海英、陈丽莹被分配先去澄海。一到澄海，我们就得到了来自澄海公安局的热情接待。他们不仅为我们提供了周到的安排，还对我们的研究工作表示了极大的关注和支持。

在与公安局工作人员的交流过程中，我们得知，原来施老师是广东省公安部门的老朋友，他凭借深厚的方言知识，曾经仅凭作案人的只言片语，便精准地分析出

---

* 中山大学计算机系1999级本科生、2003级硕士研究生。

嫌疑人是哪里人，协助公安系统成功破获了几起大案要案。施老师通过方言调查得到的语音、词汇、语法材料，对于刑事侦查也很有帮助，因此，省公安厅特别发了文件，要求属下各地公安局全力做好接待和协助工作。

对于我这个成天待在象牙塔里的自动化专业的硕士研究生而言，这次跟随施老师到各地进行方言调研，是一次别开生面的全新体验。白天，我们陪着录音人在四壁高墙的小房间里录音；晚上，我们则围坐在小旅馆的桌子旁，一起制作同音字表并分析声调。每当遇到发音异常的情况，我们都会在第二天及时向发音人请教，力求得到最准确的发音记录。

通过这次调查，我初次深刻体会到了"潮汕十里不同音"的独特现象。每个乡镇，甚至每个村落之间，语音都有着微妙的差异，这种差异不仅体现在词汇和发音上，更在于声调的细微变化。这种丰富多样的语音面貌，让我深感中国方言的复杂多变。

后来我们辗转多地，遇到了许多有趣而又富有挑战的情况。有时候，一个词语的发音会让我们反复讨论和尝试，直到找到最准确的记录方式。有时候，我们也会遇到一些发音人自己也弄不懂的问题，这时我们就会一起想办法从不同角度求证，直到找到满意的答案。

在潮阳海门记音的过程中，我们遭遇了一个前所未有的挑战。那里的声调几乎全部是降调，光凭听感很难区分。这一棘手的现象激起了我们的兴趣和斗志。金健尝试使用Praat软件来提取基频，希望通过科学的方法来分析这些声调的内在规律。而我则发挥计算机专业的优势，编写程序将提取到的基频规整成五度值，画出图形以便更直观地展示当地的声调。施老师也被当地声调的这种现象激起了兴趣，跟我们一起动手研究，不时地帮助我们分析这些声调的特点和规律，解答我们的疑惑。

那段时间，我们几乎每天都熬到深夜，有时甚至到凌晨两三点才睡。虽然身体疲惫，但内心却充满了激情和动力。每当我们成功记录下一种独特的方言发音时，内心的喜悦和成就感都无以言表。这次方言调查的经历不仅让我深入了解了方言的魅力和文化的多样性，更让我体验到了团队合作的力量和学术研究的乐趣。时至今日，我仍然怀念那段与团队成员们一起熬夜、一起探讨、一起进步的日子。

在那些日子里，施老师与我们并肩作战，带着我们共同熬夜研究方言。他的敬业精神和严谨态度，如同明灯般照亮了我们前行的道路，深深地影响了我对科研和学生的态度。

施老师对待每一个方言样本都如同珍宝，他细心地倾听、记录，不放过任何一个细微的差别。他的严谨态度让我们看到，科研不仅仅是追求结果，更是一个不断探索、不断修正的过程。每一个数据、每一个结论，都需要经过严格的推敲和验证。老师不止一次地教育我们，在没有确切证据，不足以下结论时，宁可不发表论文。

在施老师的熏陶下，我逐渐形成了自己的科研风格。无论是在中科院、北京林业大学还是北京语言大学工作的日子里，我都始终坚守着这份对学术的热爱和追求。每当学生有问题向我求助，我都会像当年施老师那样，耐心地为他们解答，直到他们完全明白为止。有时，我也会和学生一起熬夜研究，共同攻克难题。我带着贾宇康他们熬夜到四点，贾宇康又带着韩梓萌他们熬夜到三点，最后八位毕业生六位获得优秀毕业生称号，一位获得北京市优秀毕业生称号。

回首这段因偷师而结缘的经历，我心中满是庆幸和感激。庆幸自己能够遇到如此优秀的老师和这么多的朋友，感激他们在我成长的道路上给予的帮助和支持。那次方言调查的经历已经成为我人生中宝贵的财富，深刻影响了我后来的研究道路。

青葱岁月

沐浴师泽之光

马蔚彤*

我经常往返于广州、佛山两地。在广佛地铁上，有一则广告总让我心动，广告词是："师泽如光，虽微致远。""师泽"一词，《现代汉语词典》中并未查到，但师恩并不微弱，而是厚重如山。师从施其生先生，不知不觉中已经20年了。能成为先生的学生，是我的幸运，能成为施门弟子，确实是我们的缘分。

40岁那年，学校终于允许我们这些本科学历的教师考研了，咬牙努力后我终于考上了中山大学中文系的高校语言教师研究生班。正如我在硕士学位论文"后记"中写的那样："过了不惑之年的我，带着学术上的许多疑惑，在离开校园近二十年以后，又重新回到学校，回到教室，回到课堂。这一次的学习，我与年轻的同行一道去接受新知识的熏陶，一道去进行学术上的探索。这期间的感觉，就有点儿像老牛拉车一样，吭哧着往前奔，有时也会觉得很无奈。几年的学习期间，我接触到许多新的观点，学到了许多新的知识与方法，有了许多新的收获，这一切都得益于学校和中文系为我们提供了一个良好的学术平台。"40岁，已经过了最佳的学习阶段，当时所在学校还有繁重的教学任务和管理事务，加上那几年我正患有严重的花粉过敏症，往返广佛两地的学习于我来说确实有难度。是先生让我树立了自信，学会了坚持，潜移默化中形成了严谨治学的习惯。在地方大学工作的老师，大概都有这样的经历，早年因为科研条件的限制，教学工作任务重、缺少系统的专业训练，在学术研究方面常常不够自信。记得在老师的课上，我很不自信地与老师谈到一个不成熟的看法，即已经关注了十年之久的佛山话端母字读h的语言现象，希望老师给解释一下，指点迷津。老师却让我自己去寻找答案，鼓励我搜集语料，总结规律，于是我有了第一次系统的方言调查，利用"汉语方言调查字表"进行佛山城区端母字的记音，参考其他专家学者的研究成果，完成了论文《佛山（城区）话的h声母浅析》的写作。老师让我明白了，学术研究的自信来源于知识的底蕴，结论的确立基于科学的论证，只有不断地学习，才能提高自己的学术水平。为此，我利用广佛同城的便利，不断地在中大蹭课。只要时间允许，我都尽量赶回中大听课，本科、硕士、博士课程都听，光是施老师的国际音标听记音训练课，我就听了三次。

硕士学位论文的写作对我来说是一个大的考验。毕业论文开题时，我选择了现

---

* 中山大学中文系2004级高校语言教师硕士班硕士研究生。

代汉语方向,施老师就成了我的指导老师,于是开始了与先生较为密切的交往。可以说,是老师帮助我圆了硕士学位的梦。施老师认为,论文写作应该结合我的实际工作来选题,题目就定为《佛山人学习普通话语音偏误分析》,找出佛山话与普通话的对应关系,用二语习得的理论去分析,帮助学生更快更好地学好普通话,提高普通话测试的水平。老师要求我从方言调查入手,了解佛山方言与普通话的对应关系,再用偏误分析的理论加以论述。国内的偏误分析一般只用于外语学习或对外汉语学习,不涉及他方言之间的学习,老师让我尝试把偏误分析的方法引入方言区人学习共同语的领域。因为没有二语习得的理论基础,对中介语的知识更是了解甚少,老师就让我去旁听对外汉语专业的课程。幸运的是,周小兵、朱其智等老师对我这个旁听生没有另眼相看,而是同样耐心地指导和解答我的问题。论文写作的中后期,老师远赴日本教学,我工作的学校因为要接受国家本科教学质量水平评估,我需要花大量的时间整理评估材料,因此论文写作曾搁置了一段时间。在我感到力不从心、陷入困境的时候,施老师一直鼓励我,支持我,及时为我解答各种难题,在回复我的邮件时也是让我坚持、坚持、再坚持。论文写作到后面,因为电脑故障,部分已经整理好的材料丢失了,老师知道后回复了几个字:"欲哭无泪,唯有坚持。"在那一段难熬的日子里,我一直是咬着牙敲键盘码字录音标,最终完成了论文的写作,顺利通过了学位论文的答辩。其间也得到了庄初生老师的学术指导,还有金健、黄婷婷、徐馥琼几位博士生在电脑技术上的帮助。

常言道:"一日为师,终生为师。"毕业以后,无论是教学还是研究,老师的教诲与帮助从未停止,严谨与坚持是我从老师那里获得的最大收益。每一次的师生聚会,老师都不忘提醒我们,在中国应该如何做语言学研究,如何注重学术规范。在那轻松愉快的谈笑中,每一个人都有所收获,施门弟子也都个个出色,在各自的岗位上发光发热,正所谓"师道既尊,学风自善"(先生80岁生日蛋糕上的题字)。在施门弟子中,我自认为是最没出息的一个,因为种种原因,在学术研究方面始终没有什么进展。老师总是对我说,做好自己就行了。20年来,我在工作上有疑惑,老师不厌其烦地解答,耐心地指引;在生活中遇到困难,老师想尽办法帮忙解决。2016—2017年间,我有幸参加了国家语言文字工作委员会组织的中国语言资源保护工程佛山方言的调查项目,而这段时间又是我人生中最低迷的时期,母亲的猝然离世和父亲患病长期在ICU病房治疗,成为我当时无法排解的痛。当我未能按时完成任务想要放弃时,老师对我说的还是那一句话:"工作铺开以后就不会觉得难了,你总会有完成的办法。"简单朴实的话语让我真正体会到研究工作的苦与乐,又重新振作起来投入工作。调研中遇到的一些问题,特别是此次调查结果与已有成果的描写不一致的地方,老师就逐一帮我把关。诸如佛山话中声母是读[m]和[ŋ],还是根据实际记音把明母和部分微母字记为[mb],把部分疑母和影母字记为[ŋg](即记为鼻音还是记作鼻冠音的问题);老年发音人与青年发音人鼻韵母的区别；佛山声调系统中关于调值的描写，是否把阴上［35］、阳上［13］、阴去［24］、阳去［12］、中入（下阴入）［34］、阳入［23］六种声调的调型都处理为升调等问题。在关键时候，老师会拉你一把，又推你一步，总是用他独特的方式来帮助你。2021年，我参加了广东省社科课题"广东西江下游口头文化传统典籍与研究"的调研，从新兴回来，向老师汇报调研工作的情况，也把新兴的声调系统的调查录音播放给老师听。根据发音人的情况，我们总结出新兴话的声调系统是阴平［44］、阳平［11］、阴上［35］、阳上［11］、阴去［44］、阳去［32］、阴入［5］、阳入［2］。老师以其敏锐的听觉判断，指出阴平的定调不准确，应为45，尾音有上扬。我还是不服气，听了几遍后觉得调值还是［44］。这时候，老师拉起了二胡，用音阶告诉我［44］与［45］的差别。正是有这样的老师，我们才会深刻地认识到方言调查的严谨性，才会更尊重语言事实，才会在这条路上走得更远。2018年，我接受了新的教学任务，承担了对外汉语的教学工作。老师把我叫到家里，滔滔不绝地给我介绍对待不同国家的留学生的语音教学法，毫无保留地把他语音教学的经验传授给我，把相关资料复制给我，这一切都让我对未来的工作充满信心、充满期待。

　　转眼间，我也退休了，有更多的机会与老师接触，可以了解到老师更为精彩的方方面面。老师重情谊，老师的师母龙婉芸先生百岁生日，老师忙前忙后，所牵头制作的黄家教、龙婉芸两位先生的雕塑栩栩如生。在龙先生101岁的祝寿瞬间，老师更是开怀大笑，犹如意气风发的青年。老师喜品茶，他可以如数家珍地评议各种茶的特点，在不同的季节，你到老师家都能喝上不同的好茶。老师爱音乐，他能给你说出不同的乐理，比较西洋乐与中乐的特色，弹古筝、弹琵琶、拉二胡更是高手。老师醉心于摄影，他的相机配置总能跟上潮流。每次聚会，我们都会用他的相机留下美好的记忆。老师钟情于传统医学，他可以给人把脉配药，治愈顽疾，他可以给你分析病例，也能谈论新会陈皮中青皮、二红皮和大红皮的药效。我曾经出现甲状腺结节病患，老师与我一起分析药方，帮助我选择治疗方案。老师喜欢养花，这一方面我们有更多的共同话题，我们一起谈论什么时候施肥，什么时候培土，什么时候分枝。记得那年为了给蓬莱松分盆栽种，我们俩刀砍锯拉，忙乎了半天。这个时候，我眼中的严师、慈父又瞬间变成了我的花友。我们总有聊不完的话题，谈语言（方言），谈生活，谈论身边发生的种种事情。2024年的春晚，一首广府童谣《落雨大》在粤语区招引了争议、掀起了波澜。"落雨大，水浸街，阿哥担柴上街卖，阿嫂屋企（家里）绣花鞋。……"这是一首著名的粤语童谣，陪伴了几代人的成长，可以说男女老少都是耳熟能详的。"花鞋"广州话的声调是【fa^{55} hai^{21}】，央视春节晚会上，"花鞋"则变成了【fa^{55} hai^{55}】，这个"鞋"字的读音听起来就如粤语詈语的【hɐi^{55}】音一样，于是粤语区的人们就不买账了。就此，老师有独特的见解：粤语童谣要突破地域的限制，走向全国，重新配乐是必须的步骤，这样才能走得更远。在配乐的过程中,一定要注意乐曲音阶与地方音韵的配合。广州话有九个声调,高低升降形成的抑扬顿挫体现了粤韵的特色。老师说,这样的配乐要慎重,一定要注意方言的特点,保留方言的特色,创作人员要多听合理的建议,避免闹出不愉快。看似是简单的评议,其实老师既讲了方言的现象,也说明了对待方言的态度。由此,我又想到了老师常说的一句话:"无知者无畏。"我们作为语言研究者,不可以是一个"无畏者",一定要有理有据。做人亦如此,"知之为知之,不知为不知"。

  传道、授业、解惑是中国传统的师道。与老师结缘的 20 多年里,在老师的爱护下,我们沐浴着师泽之光不断成长。胡云晚师姐在《渔家傲·贺施老师八十高寿》中写道,"花城春风似拂面,忆当年,师恩如海阔无边"。师泽之光不微,指引着我们前进的方向。中大为我们提供了学习的沃土,老师给了我们知识的力量,让我们在学术的天地中自由地翱翔、茁壮地成长。

恩师情深，方言之路的引航人

容慧华[*]

在岁月的长河中，总有一些人如璀璨的星辰，照亮我们前行的道路。对我而言，施其生教授便是这样一位引航人，他深厚的学术底蕴、严谨的治学态度，以及对后辈无私的关爱和支持，深深地烙印在我的心底。是他，点燃了我对方言研究的热情，引领我走进了一个充满魅力和挑战的新世界。

初次踏入语言学殿堂的我，对方言研究几乎一无所知。是施教授，用他深入浅出的讲解、清晰明了的条理，激发了我对方言学的浓厚兴趣。从国际音标的听辨训练、语言研究案例的分析，到田野调查故事的分享，他的课堂知识严谨但又充满活力。每一次的授课都如同一次思想的洗礼，让我深深感受到了语言学的魅力，领略到了语言学的博大精深。

在选择方言研究作为研究方向时，我深知我的起点低，充满了忐忑和不安，是施老师给予了我坚定的信心和支持。他非但没有轻视我，还欣然答应当我的论文指导老师，结合我的母语方言背景和语言学界的学术研究情况，帮我选定论文研究题目。他告诉我，学术研究需要严谨的态度和扎实的功底，但更重要的是要有一颗热爱学术、热爱生活的心。方言研究不仅是一门学问，更是一种责任和使命。他的话语如同春风拂面，让我感受到了前所未有的温暖和力量。也正是这份责任、使命和对家乡、对生活的热爱，让我更加坚定了自己的方言研究方向。

在我的论文撰写过程中，施教授更是倾注了大量的心血。他要求我必须实地调研、记音，悉心指导我选题、定纲、撰写和修改，每一个细节都力求完美。即便是在身处异国他乡、学业工作均繁重的日子里，施教授也从未忘记对我的关心和帮助。他特意委托庄初升教授帮我听音把关，确保论文音系中每个声母、韵母和声调的记音准确无误。他通过 QQ、电邮等网络联系方式，时刻关注我的研究进展和论文写作情况，给予我及时的指导和建议。他的严谨和细致，让我心怀敬佩和感激。

在施老师的悉心指导下，我得以顺利完成论文写作，作为班上第一批申请者参加并通过了答辩，于 2006 年底毕业。这一切都离不开施老师的辛勤付出和无私奉献。中大读研路上，在施老师的指导下，我收获了知识、成长和自信，更学到了做

---

[*] 中山大学中文系 2004 级硕士研究生。

人的道理。

如今,每当我回想起施老师的教诲和关怀,心中都充满了感激和敬意。他是我人生中的一盏明灯,照亮了我前行的道路。我将永远铭记他的恩情和教诲,将他的精神传承下去,为方言研究事业贡献自己微薄的力量。

恩师情深,感谢施老师在我学术道路上的指引和陪伴。祝愿恩师身体健康、幸福安康!

青葱岁月

少时的不以为意,一生的难以忘怀

——记和施老师相处的美好时光

陈丽莹[*]

大三时我选择语言学方向,从此便与施其生老师结缘。多年过去了,回想大学期间最美好的时光,总是与施老师联系在一起。施老师既是带领我走进学术殿堂的学业导师,也是带领我开拓眼界、增长见识的人生导师。

读万卷书,活泼严肃的求学之路。初接触语言学的时候,我觉得语言学晦涩枯燥。但到施老师上课的时候,他总能简明扼要地阐述理论,然后又找出很多生动活泼的案例,将语言学与生活联系起来,让语言学变得亲切又好玩。一节课下来,总把同学们笑得东倒西歪。大家会觉得,原来语言学挺好玩的!但到了写论文的时候,施老师又会一脸严肃地对我们说,学术务必严谨、治学务必认真。又举了很多学术不严谨而闹出笑话的例子,让人听了背后直冒冷汗。就这样,"严谨"二字便深深印在脑海里,一直鞭策着我在图书馆里苦读资料,直至完成硕士学位的论文写作。后来,虽远离了学术研究,但这种治学的态度和方法在不经意间已成为一种生活和工作的方式,长远而深刻地影响着我。

行万里路,开阔愉快的成长之旅。语言学与其他学科的不同之处,也是我比较喜欢的地方,就是它不是闭门造车,它除了有"金字塔"里的卷帙浩繁,还拥有广袤田野的万千气象。在中大求学期间,我跟着施老师做了很多田野调查,走过了很多乡村和城市,既积累了做学术研究的经验,也开拓了眼界、增长了见识、丰富了人生的阅历。施老师会在调查过程中给大家讲某个语音的"前世今生"和某个物品的 N 种方言说法,也会在工作之余带我们走街串巷,去看当地的风土人情。我也由此结识了一群可爱又可敬的师姐师兄们,并与他们结下了深厚的情谊。我们曾一起为一个音节、音标如何记录争论不休,曾一起加班奋斗到深夜。我们也曾一起到海南的海边看海,人生第一次看见红树林,看见河豚鼓着白白的肚子;也曾一起在厦门的海边宿舍枕着涛声入眠……

许多的美好,当年正经历的时候不以为意,到多年以后,回首往事,却发现始

---

[*] 中山大学中文系 2006 级硕士研究生。

终印象深刻、难以忘怀。虽如今已经身处异乡，但还时常想起、心存挂念。

感恩遇见这么多的美好！愿老师和师门各位平安喜乐！

青葱岁月

感恩在中大　有幸入施门

陈兴仪[*]

2024年，施老师80岁。在微信群上，看到已达耋年的敬爱的导师，照片里依然是健朗的身体、灿烂的笑容，对话里依然是对学术的思考、对学生的提点，感觉毕业16年来，好像一切都没有变。我想，若是自己到七八十岁，能有施老师一半的德行和状态，那该多好。我得将这个作为人生修行的重要目标。

2024年，我与中大结缘22年，与施老师结缘18年。回想起在中大的本硕学习经历，除了感恩还是感恩。中大的学风、管理、老师、同学足以影响我的一生。中大中文系从大一开始实施导师制，我很幸运，大一大二遇到阔达洒脱的林岗老师，大三大四遇到慈爱美丽的小枫姐。保送硕士后，文学素养不怎么样、理科相对好的我，毫不犹豫地选择了语言学。在选择硕导的时候，我想起了本科曾给我们上过两次课的"老学究"施老师。

我读本科的时候，施老师已过60岁，不上本科生的课了。但不知是示范课还是什么原因，他还是给我们上了两次，是国际音标方面的。他穿着高腰西裤，戴着方框眼镜，咧着"四万"（麻将）那样的嘴型笑嘻嘻地进来。开讲后，有几次停在黑板前，为一个发音，静静地尝试了几次，直到满意了，才教我们。

施老师求真务实、孜孜不倦的学术精神一直影响着我们。那时候他经常安排硕士生、博士生一起上课，我记得他对金健师姐的发音要求很高，对来对去，生怕错一点，还得用仪器验证。我们写硕士论文的时候，他总能在重要节点给出修改意见，或者亲自修改。2016年，我毕业8年、他72岁，居然为我硕士学位论文的一个语法现象，亲自带队来佛山南海再调研。

施老师有很多学术界的好朋友，让我们也沾光受益，比如庄初生老师，又比如暨南大学的甘于恩老师。甘老师带着他的学生去清远连山做田野调查，施老师知道后，让他带上了我们，他爽快答应，并且帮我们安排好一切，让我们大大开拓了视野。后来，我还时不时坐公交车到暨南大学旁听甘老师晚上的选修课。

施老师在生活上是一个有趣的人，总有一颗童心享受着身边的一切。他会拉二胡给我们听，会给我们讲在日本任客座教授期间，看到日本治安好，说警察闲，听

---

[*] 中山大学中文系2006级硕士研究生。

到有人丢了钱包后，很积极地帮忙寻找。他还说日本人工贵，得把头发留长了再剪。他会在群上分享加装了电梯、多了一点儿使用面积的窃喜。

　　对学术上一点儿小问题，会执着研究；一点儿小突破，会迫不及待与学生分享；生活上一点儿小趣事，能乐呵半天。这就是施先生，总能施予学生、施予他人智慧的长者。

一位语言学家的音乐情缘

韦皓*

左手科研,右手音乐,这就是施其生先生——十年前我在中山大学的硕士研究生导师给我的印象。作为一名学养深厚、治学严谨的语言学大家,先生在中大中文系的讲坛上、在汉语方言研究的园地里耕耘了一辈子,但与之交往密切的人都知道,先生还酷爱音乐,精通好几种民族乐器,谈起音乐理论、中国民乐的特点和源流,常常是一套套的。好多人,包括我都觉得奇怪,即使是专修民族乐器的,都很少能同时精通二胡、古筝、琵琶三种乐器,何况一个职业的语言学家。离开中大多年,几乎每年我都回校探望先生,他家里除了满房间书籍,引人注目的还有客厅一角的四把二胡、两台古筝、两把琵琶。终于有一天,我有机会和老师坐下来谈他的音乐缘。

老师说,他好像生下来就从骨子里喜欢那些乐器,从小见什么就想玩什么,玩开来了就想玩成个样子,前后玩过的乐器有古筝、二胡、竹弦、椰胡、二弦、板胡、秦琴、琵琶、柳琴、月琴、三弦、笛子、洞箫、唢呐……先生是汕头人,那里流行一种民间音乐——潮州音乐。童年时候,每到晚上,街头巷尾就会有人自发地聚集在一起玩潮州音乐,他常常加入那个越聚越多的听众人群,一听就是几个小时。先生的父亲是个多才多艺的人,会音乐,会看病,还会写诗,家里有一台十六弦的古筝、一把竹弦、一支笛子。记得大概是小学四年级的时候,先生就开始玩家里的竹弦和笛子,后来潮州音乐的各种乐器,几乎都玩了个遍。古筝是到了五年级才有机会玩。说起来有趣,原本先生的父亲是不让他碰那台古筝的,觉得他太小,学不会还要搞坏那台挺贵的古筝。可他实在想玩,有一天趁父亲不在,就偷偷地把床头墙壁上落满了灰尘的古筝摘下来,放在床板上弹。他发现弦全是乱的,就拿起扳手把一根根弦都"调准"。他那时还不知道古筝的定弦是五声音阶"1 2 3 5 6",就调成了七声音阶"1 2 3 4 5 6 7",试着拿它去弹潮州"弦诗"。父亲回来发现小小的孩子居然能把"1 2 3 4 5 6 7"调准,从此就允许他玩那台古筝了。过了一年多,大概是读初一的时候,有一天晚上他把古筝放在水缸上弹——据说这样弹出来的声音特别好听,正弹得投入,突然有个男人不声不响地推门走了进来。等先生弹

---

* 中山大学中文系 2006 级硕士研究生。

完一曲（记得是《过江龙》），说了两句鼓励的话，就开始指点和示范。过后才知道，那个人就是后来被誉为"潮州筝派当代传人""筝艺大师"的林毛根先生，只不过当时他还不到30岁。就是他，从此又把老师带进各种演艺活动，偶尔也指点一二，老师也因此在14岁的时候获得了汕头市文艺汇演的"节目奖"。后来随着能够接触的各派古筝曲谱逐渐增多，并且有机会接触到潮州派以外的古筝演奏家，老师又开始学习其他流派的演奏方法，古筝技艺也走出了潮州派的局限，上了一个新的台阶。高中的时候，随着《赛马》等现代二胡乐曲的传播，先生被深深吸引了，于是他由潮州音乐的拉弦乐器转而迷上了二胡。1962年，先生入读中山大学中文系，大学期间参加了中大文工团民乐队，在乐队里主要弹大三弦。但几乎每天的课外活动时间、晚饭后的空余时间他都用来拉二胡，乐此不疲，还因为每天吃完晚饭就聚精会神地拉二胡而得了个胃病。到了大三，那个年代难度最高的二胡独奏曲，如《三门峡畅想曲》《豫北叙事曲》等，他都能娴熟地演奏了。琵琶小众，价格贵，会弹的人稀少，玩琵琶是大学毕业后分配到山西省兴县之后的事情了。1968年，先生大学毕业被分配到山西兴县，在这个革命老区当了一名中学老师。那个特殊的年代，文艺宣传活动非常活跃。因为有音乐特长，先生被学校安排去搞宣传队，上课之外不是排练就是演出。到了1975年，县里还让兴县中学设立了专业的文艺班（相当于中专性质的艺校），先生不教语文了，成了专职的器乐和乐理教师。那时，学校购置了两把琵琶，于是先生就又玩开了琵琶，亦学亦教。不过琵琶并不是那个时候才从零开始学的，因为此前已经有点"童子功"了。童年的时候，他弹过梅花琴（一种弹拨乐器，长度接近琵琶，共鸣箱形状类似月琴，但是是梅花形，比月琴略小），别人是用拨子弹的，他却用琵琶的弹、挑、轮指等手法玩，玩了好几年。到了弹琵琶时，把下出轮（小指起轮）改为上出轮（食指起轮），就能玩了。一旦迷上这东西那又是废寝忘食，估计四年里，每天平均有五六个小时是抱着琵琶的。到了后来，一些难度比较高的独奏曲，如《天山之春》《彝族舞曲》之类都能弹下来。在兴县的11年，除了语文教学，至今更受当地人称道的居然是先生在音乐方面的贡献，先生为当地培养出一批音乐人才，把当地的音乐层次推高了一个台阶，当年那批音乐人才成了当地音乐艺术界的中坚力量，有些还成了知名的高端人才。

很多人包括音乐界的人士都会奇怪，先生怎么能一个人精通三种乐器，而且职业还不是音乐，而是语言学。我专门对先生提出了这个疑问。老师笑笑说：如果总结起来，三个条件缺一不可——强劲的动力、足够的时间、正确的方法。在先生看来，他的动力来源于天生对音乐的浓厚兴趣，似乎与生俱来对乐器就有一种出于本性的痴迷，玩开一种乐器可以不惧酷暑严寒、不吃饭不睡觉，一首曲子，或者高难度的片段可以几百遍上千遍地练,练琵琶的基本功常常练到筋腱受伤的边缘才休息。足够的时间得益于那个年代中小学的功课比较宽松。但这不是主要的,主要原因还在于老师的课余时间特别多。先生在中学时代各门功课都保持优异的成绩,但是几乎每门功课的作业都是在别科的课堂上一边听课一边做完了,基本上整个下午和晚上的时间都不用来做功课,下午除了处理当学生干部的一些事务,都拿来学乐器,晚上则用来读医书。说到方法,老师认为这是学一种东西成败的关键。路子不对、方法不好,事倍功半是小事,还可能导致永远学不成。老师那个年代的民族器乐演奏家几乎都没有条件接受科班训练,全国屈指可数的几家音乐院校规模很小,民乐学生如凤毛麟角,舞台上的演奏家,包括音乐学院的民乐专业老前辈几乎都来自民间。民族器乐本来就是民间艺术,演奏方法或来自师承,或靠自己摸索,而师承的方法其实也是师辈慢慢摸索出来的。各种乐器从基本功到各种技巧都会有一种最科学、最好的训练或演奏方法,它同时也必定是最自然、最舒服,声音最好听的,所以人们完全可以通过实践的摸索找到它。但是仅靠摸索的成功率其实很低,最后能成功而成为好的演奏家的可说是千里得一甚至万里得一。老师后来在和受过音乐学院科班教育的人交流的过程中,发现自己的方法绝大多数和学院派并无二致。为什么可以"无师自通"？老师说可能得益于自己的悟性和勤奋,他发现自己有种习惯:每次练习或拉奏,其实都在用脑子琢磨。

很多人还有一个疑问,老师是个语言学家,语言学是他的事业,搞音乐耗费了他大量的时光,会不会影响语言学研究？我问了老师这个问题。老师思考了半天才说了一番话:几十年光阴,花在音乐和民族乐器上的时间的确很多,用来再学三四门外语都足够。论功利,也许玩音乐会让事业受到一些损失,但论人生,这并不可惜。因为音乐是自己的最爱,这种爱出自本性,自己是个做学问的人,不是做学问的机器。人的真性情在任何时候都不应被扭曲,更何况音乐能净化灵魂,对于抑制做学问过程中的浮躁情绪说不定更有利。老师认为,实际上搞音乐也并没有给自己的语言学研究拖多少后腿。音乐对人的心智、心态、精神境界的提升有特有的积极作用。音乐培养了老师很多能力,比如毅力、耐心、想象力和联想力,都能助力语言学研究。进行方言语音、声调研究时,灵敏的听力也许得益于多年的音乐素养。先生做研究有个长处是擅于触类旁通,经常把视线从一个局部扩展到全貌,从一个方言扩展到其他方言甚至更大的相关领域,有些灵感甚至来自语言之外的事物。例如,在写《汕头方言连读变调的动态运行》《粤方言的肯定否定词》的时候,分析眼光、表达方式似乎就和在多种乐器之间触类旁通的感觉相通。培养学生时,先生也会把多年学音乐的路子和方法,有意无意地移植过来。例如,学风要正,路子要对,基本功要扎实,眼界要宽,要勤于琢磨,要循序渐进,要细密不要粗疏,要取法乎上，等等。至于总体上玩音乐对于语言研究的影响是利大于弊还是弊大于利，实在无法估算，因为它是隐形的，不可量化的，也许只是偶尔有点作用，也许是根基上的强大因素，谁也说不清。与先生的一席谈话于我启迪良多：天赋固然难得，但数十年如一日忠于自己的内心，坚持扎实的治学态度，何尝不是一条稳定内心、成就自己、对抗喧嚣的通途？

青葱岁月

师恩如春雨　点滴记心头

张燕芬[*]

从被金健带着去施老师家里汇报本科论文思路开始算起，我在施老师门下已整整 20 年。这是非常幸运幸福的 20 年：施老师指导了我的本科毕业论文和整个硕士阶段的学习，带我写粤方言否定词的相关论文、参加粤方言学术年会，带我调查沙湾镇方言点、整理调查资料，还有在聚会、相处中给我的各方面教诲。我在老师家里除了写过论文，还吃过老师做的饭，听过老师弹的古筝、拉的二胡，看过老师写的医案、琴谱和美术字，当然还聆听过字字珠玑的人生故事和经验。

和很多只上过施老师现代汉语、方言学课程的同学比起来，我是受教机会比较多、很幸运的少数人。恰逢老师八十寿辰，能有机会将施老师的桃李之教写出来，分享给有缘人，我深感应当且荣幸。也因着这份应当和荣幸，我硬着头皮忍住了因自己才疏学浅而有损师名的惶恐，鼓起勇气战战兢兢地写下了这篇小文。希望能将施老师对我口传心授的万分之一表达出来，使有缘人得益。

在珠海上施老师"现代汉语"课的时候，我和同学们就震惊于施老师课堂上的语料例子之丰富。为了说明一个很小的语法点，施老师能举出普通话、闽方言、粤方言、陕西话、山东话等各地方言的例子，一节课下来感觉走了一趟全国旅行。

后来，我在做本科论文时遇到很大困难，施老师听说了之后，按他的经验列举了一些粤方言的方言点，建议我去做多个方言点的调查，收集、观察、分析、总结同一个语义在不同方言点的表达异同，必要时还需要和普通话、其他方言、古代汉语做关联比较。"材料多了，能看出一些东西。"于是我按老师的建议，尽可能地调查了一些省内方言点，也确实马上感受到了"一些东西"：同样语义的否定词，相邻的两个县就有差异，甚至村和村之间也不同，但又有明显的亲缘关系特征。再问远一点，竟然发现湘方言、西南官话也有类似表达。这种掌握鲜活生动事实材料的过程，以及由此而生出继续深入研究它们的渴望，给了我非常深刻的印象。我第一次发现了方言田野调查的无穷之乐，也让我从施老师那里学到第一个方法论：广泛地收集材料，然后观察事实。

有施老师的指导，我本科论文顺利通过了。不过那时候我还不太懂研究方法，

---

[*] 中山大学中文系 2002 级本科生、2006 级硕士研究生。

论文里只是尽可能有条理地摆事实，还远谈不上研究分析。

后来施老师又带着我把这个粤方言否定词的研究继续往深层挖了几遍：手把手地示范了广泛收集材料之后，如何对现象事实进行正反对比、发现差异、初步分类、演绎验证、调整分类；必要时再次调查某些方言点的某些例句，以确定按性质分类的准确性；分类之后，对现象进行适当抽象，拆分复合表达，将那些在言语中被精简的表达补充完整，剥离无关紧要的细节而保留核心语义，然后观察其关联性，推断成因。

虽然其中的具体语料和推敲细节已几乎全部忘记，但这个过程带给我的深刻感受，以及由此生成的观察视角和思考方式——施老师虽然不常明言但却贯穿始终的方法和目标：从根子上看问题，要透过现象看本质——使我获益至今。

这种洞察的能力固然与广泛、大量地进行过材料收集和事实观察，即"经验"有密切关联，但更重要的是形成这种意识和思维方式。而且这种思考倾向性不仅在语言学，或者说在学术研究中会用到，当它内化为自身的习惯和本能时，这种能力可被应用在其他领域，并发挥重要作用。

从中文系毕业之后，我入职了一家软件公司，并在阴差阳错的机遇中开始从事软件产品设计的工作。这是一个既需要深刻理解甲方部门权责和业务场景，又需要理解软件程序运作机制的岗位。中文专业背景的我能适应这个角色，与其他计算机专业背景的同事共事于研发部门，正是得益于从施老师身上学到的这种追求事物本质的思维习惯。每当我对业务的解读或产品设计方案得到甲方和上司的认可时，我都能清晰地感受到这一点。

然而可惜我是个天资愚鲁的学生，遇到施老师这样的宝藏名师，不仅语言学课程学得很一般，也没有学到老师的古筝、二胡、琵琶、中医、摄影、种花、美术字等功夫，更遗憾的是我在施老师门下熏陶多年，却未能学会最重要的一点：如何细水长流、润物无声地将某种观念或技能教给其他人。

我在工作中是一块颇为出名的爆炭。公司希望我好好总结产品设计路上的成长心得，并转授给年轻同事，加快他们进步的步伐。我总是在分享心得、企图教会同事如何思考这个环节感到万分苦恼，"为什么怎么讲都不明白"。但我每一次的不耐烦，都只会令同事因为压力而更加难以理解对话内容，整体任务更加难以推进。这时我就会想起施老师，会想起施老师是如何通过轻言细语让我领悟，尽管我还无法达到这种境界。

在众多这些细节模糊但感受清晰的记忆里，我从没见过施老师生气发火的样子。无论是辨音记音错漏百出，没认真读学术著作，还是方言调查失去方向，论文一团乱麻，施老师总是充满耐心，给予勉励和肯定，开导继续坚持和劝慰前景光明。当我们紧张的时候，施老师总会聊一些生活话题为我们舒缓情绪；当我们疲倦的时候，他会奏一曲古筝让我们提神醒脑；当我们迷茫的时候，他也会讲一段人生故事帮我们打开心胸。

随着年岁增长，我愈发体会到这种近乎纵容的宽和慈爱，其实是法力无边的缰绳，长久地牵引着我，使我深怕辜负老师的期望和信任，只好努力在骄傲自满和自暴自弃之间歪歪扭扭地走出一条认真生活的路。

一个"学渣"的搞笑日常

姚琼姿[*]

记得是 2008 年,我有事要请教施老师,打电话约他。那个时候是我第一次给老师打电话。电话接通了,我脱口就要叫"老师",刚刚说了一个"老"字,赶紧打住,此前没见过面,又不曾联系过,怎么能直接喊"老师"呢,肯定要称"教授"的啦,于是马上改口"教授您好",连起来就是"老教授您好"。十几年过去了,我每每想起这个开场白仍然觉得尴尬万分。这次令人啼笑皆非的打招呼,似乎预示着我不是来搞学术的,而是来搞笑的。

老师是学界泰斗,出了名的精益求精,一篇文章精雕细琢好几年,但凡还有一丁点儿不满意,就宁愿不发表。听说他对学生要求严格近似于严苛。一开始,上课也好,课下交流也好,我都战战兢兢的,生怕出错,为了写好他布置的作业,我除夕还在赶工。后来熟悉了,渐渐感觉老师就像家里长辈一样,对我这个学渣很是宽容。写博士学位论文的时候,我满脑子都是糨糊,语音语音很疑惑,词汇词汇很糊涂,语法语法也很迷茫。我隔三差五去老师家,说是请教问题,其实就是漫无目的地倾诉。老师认认真真地听我说,随手递来一个小零食。老师家零食真多呀,我一边倾诉一边吃,一边听他开解一边吃,越吃越香。花生、开心果、腰果、蚕豆、肚脐饼、花生酥、芝麻丸子、腐乳饼……中秋前后去,一定能吃上各种口味的月饼,白莲蓉双黄月饼最好吃,一口莲蓉蛋黄一口工夫茶,美滋滋的。有一次,我刚进门,老师就让师母拿一罐饼干出来,说那款饼干特别好吃,要开了让我试试。金健师姐在旁边开玩笑说:"老师,是你自己想吃吧?琼姿来了,你有个借口对不对?"老师听了乐呵呵的。

零食吃了,饭也要吃。师母厨艺厉害,美味的汤、香喷喷的肉,还有嫩嫩的菜。把茶几上的茶杯、茶壶挪开,木制小案板往上一放,这就是饭桌啦。这真是多功能的案板,吃饭的时候用得上,改稿子的时候也用得上,校对《闽南方言语法比较研究》的时候它就是个工作台。我原来住在中大附近,老师有事找我,"嗖"的一下子我就闪现了。前年搬到了天河区,离中大十几公里远,不过距离怎能阻挡我去蹭吃的脚步呢?照样时不时呼朋唤友结伴同去。

---

[*] 中山大学中文系 2008 级硕士研究生。

2023年有一天傍晚我们又去了。老师是君子远庖厨，玩琴筝琵琶，不玩锅碗瓢盆。平时师母不在家的话，老师就热剩饭，顶多下个面条儿。那天我先到达，师母不在家，于是我说我来做饭。家里有丝瓜，老师说来个丝瓜鱼头汤。我把丝瓜、鱼头洗干净，摆出一副大厨样子。虽然老师常说潮州姑娘能干，但是我混迹饭堂20多年，厨艺退化到仅限于把饭搞熟。我当时脑海里中想象的丝瓜鱼头汤是丝瓜加鱼头一起煮熟，撒点葱花。虽然想象力不行，可我动作快啊，磨刀霍霍向丝瓜，三两下把它切成整整齐齐的圆柱体。原来这丝瓜，是要等鱼汤出来，一手持瓜一手持刀，斜着削进汤里，还得削出棱角来。老师发现情况不妙的时候，丝瓜已被我肢解了，他只好将就说"也能吃"。当我往炒锅里倒上水以后，老师发现情况更不妙了。原来要先把鱼头煎一煎，煎鱼头讲究火候和技巧，鱼头煎得好，才能煮出白色浓厚的汤。这严重"超纲"了，我一脸蒙，老师只好默默把锅铲接过去，把水倒了，把锅烧干，倒油，细细煎鱼头。好吧，那我洗菜吧。我在广州多年，吃青菜的方式很粤式了，一拃长的菜心，整棵白灼。整棵整棵洗完了，老师回头一看，有点吃惊："这菜要择一下的呀！"怎么整？菜心还择？似乎听到老师叹了一口气，然后示范怎么择菜。做饭给老师吃这件事情，最终变成了看老师做饭给我们吃。

我超级震惊，老师不是只会下面条吗？竟然还会做菜呢？老师有点小得意："我可是能整十几二十个菜的席面。"老师还自己腌制东西。腌的冰糖柠檬，黄澄澄的，汤汁清澈，泡开水，甜丝丝，又带着柠檬的清香，美味清爽，令人一杯接一杯地喝不腻。授人以鱼不如授人以渔，怎么腌制呢？把柠檬切成一圈一圈的，晾一晾，放罐子里加上冰糖就可以。怎么说咱在老家也是腌制过咸菜的，咸菜还得又晒又压的，冰糖柠檬实在简单。我就回去捣鼓，把柠檬一圈一圈码得漂漂亮亮的，还拍了个照片给老师看。盼星星盼月亮，最后这罐东西竟然馊了，可难闻了，只差没长虫子，最终只得连罐子一起丢掉。后来我蠢蠢欲动打算再试一次，室友强烈阻止，她不想再受第二次祸害。

老师家里种了各种小植物，客厅、阳台、厨房摆满花花草草，生机勃勃。最开始惊艳我的倒不是那些名贵的品种，是随处可见的金钱草。我养过好几次金钱草，养在水里，养在土里，没有一次能养成功。老师客厅的金钱草，这么大一盆，绿油油的，好大一块翡翠，密密的叶子挨挨挤挤的，茎拼命往上往外延伸，托举出片片圆圆的叶子，像是一只只小手在朝你招手，轻轻挪动花盆，密密的叶子就起了涟漪。

我在老师家拿了不少花草。一开始是金不换，一种罗勒，气味芳香，潮汕人拿来炒薄壳，薄壳就是海瓜子，还可以炒鸡蛋，炒瘦肉，很是鲜美。金不换蹲在厨房的窗台上，相当茂盛，簇拥着占满了小半扇窗，乍一看还以为是牵牛花呢。我得了几大捧，拿回家吃了好多天。很快我就不满足于拿现成的了，我也想自己试着养一养。老师给我挑了一些容易长根的枝条，我当祖宗一样供着，供了一段时间，它们真把自己当祖宗了，一言不合就活生生把自己给饿死了，变成标本了。

然而我不死心，又朝富贵竹下手了。老师家的富贵竹可真是竹子呀，在南向的阳台上长得比人高，戳到了天花板，又贴着天花板长成L形。有些挤不上去的就自个儿绕圈圈长成灯丝样。它们郁郁葱葱像小树林似的。老师拿了个剪刀，"咔嚓咔嚓"各种形态的都剪了一些。它们可真胖啊，有两根手指那么粗。我高高兴兴拿走了，心想这次不可能养不活了吧。果然它们活下来了。人们都说物肖主人形，可是随着我的体形越来越膨胀，这富贵竹却越来越缩水，瘦骨嶙峋的跟筷子似的。

后来我终于容易养活了一种植物——竹芋。它随着我搬了几次家，最开始一小盆，现在分出好几盆了，在阳台，在书桌，在微风过处，轻轻摇曳。这给了我极大的信心，我觉得可以养点有难度的啦。于是我又去"祸害"别的植物了。前年端午节前后老师养了好多菖蒲，挑了一棵漂亮的给我。深棕色树桩形状的陶瓷盆，巴掌大，泥土上点缀着一粒一粒小石子，别致。菖蒲叶子细长细长的，层层叠叠长了一圈又一圈，从中间隆起，有的向四周翘了上去，有的顺着盆沿弯了出来，尖尖的，绿绿的。老师说了咱们得有点文人的格调，菖蒲正合适。刚好他又有一些碗莲的种子，兴致勃勃分些给我，黑色的种子圆溜溜的，硬邦邦的。我回来向室友炫耀："谁说搞方言的人土呢，咱们也是有点格调的人了呀，看我茂密的菖蒲！"然而这个菖蒲好像水土不服，没几天叶子的末端就变黄了，这可怎么办？老师说："剪掉。"又有一些叶子整片烂了，怎么办？老师说："择掉。"又剪又择，减了又减，愣是不见新长出来的叶子，没多久变得乱糟糟的惨兮兮的，只剩下一小撮黑黑的茬子，像个秃子，而且是又老又丑的秃子。菖蒲成为我室友笑话我的一个梗，但凡我要去领养什么植物，她必定要问："施老师给你的菖蒲呢？"

好在菖蒲变成秃子之前碗莲倒是冒芽了。老师已经养出来几茎小碗莲，丝线一般的茎拽着圆圆的小绿叶，在水里漂浮着，太可爱了。我按照老师的法子来，用晾晒过的水泡种子，放在通风朝阳的地方，坚硬的种子裂开小口，青翠的嫩芽蹦了出来，很快绽出了指甲盖大小的叶子。老师叮嘱换水的时候要慢慢地倒，不要把芽冲断了，因为它非常娇嫩。皇天不负有心人呀，终于伸出了白色的根，可以移到泥土里。可是它太娇气了，一到泥土里面，就没有动静了。老师安慰我说很多植物移栽都是见土后优先长根，根长好才长叶子，只要能种住，应该都可以活下来的。有道理，那我就耐心地等吧，结果等来的却是叶子黄了，茎也断了，它竟如此孱弱！

秃子菖蒲和病弱碗莲没有把我打倒。我又看中了那一盆红叶万年青，红得火焰似的，充满活力。为了保证养得活，老师掰了好几枝下来。这回算是养活了，现在算起来一岁多了，只可惜叶子原来是厚厚的，红彤彤的，现如今呢，单薄，颜色也很暗沉，苟延残喘。看来我不单科研上是渣渣，其他手艺也是渣渣。

老师家茶也多。绿茶红茶白茶黑茶，什么大红袍啊，铁观音啊，单枞啊，香气四溢。配着各种形状的紫砂壶，圆的方的扁的，长的短的。潮汕人爱茶如命，去别人家做客常说"我来你们家喝茶"。我三天两头问："老师在家吗？我上来讨杯茶喝呀。"老师说："你来呀，你来呀。"后来我失眠喝不了茶，老师就给我换了胎菊，用专门泡菊花的杯子。再后来老师说："你这老失眠不好呀！"那怎么办呢？"我给你开个方子吧。"失眠啦，咳嗽呀，感冒呀，通通可以找老师开方子。有一阵子整天汗如雨下，又不敢见风，日子很是难熬。老师让我吃玉屏风散。吃了几盒，果然汗就止住了。玉屏风散就成了我居家旅行必备良药，又被我推荐给了很多朋友。

每逢佳节必催婚，神仙一般的老师也不能免俗呀。过年前后一定要反复唠叨叫我赶紧找个男朋友。说了好几年，眼看着光说没用，他打算行动起来了。有一次吃饭，看见旁边桌子一个男生，就问我："这个男生人不错，你觉得怎么样？有没有兴趣？有兴趣的话我去跟他说。"哎呀老师，咱们不要这么生猛好不好？过了一阵子，他很是遗憾地说："上次要给你介绍个男朋友，你不要。你看，现在人家出家了！"出家了！锲而不舍劝了我这么多年，眼看着我年纪上来了，他只好安慰说其实一个人过也挺好。

2023年春节我没去拜年，因为我得了新冠，脑雾，回了老家，处于半失忆状态，浑浑噩噩，了无生趣。这种日子不知道过了多久。突然有一天，老师给我打电话："琼姿啊，你现在怎么样啊？身体好些没有啊？这么久怎么不见你来跟我说你的情况呢？我和你师母都很担心你啊。"我眼泪一下子就下来了，怎么也止不住。

今年过年前我送年橘和水仙过去，他不许我上楼，因为他感冒了，怕传染给我。如今3月末了，前两周老师告诉我那盆年橘还有一些橘子，和师母讨论能不能把它养到来年。现在，我看着茂盛的竹芋旁边气若游丝的红叶万年青，又不甘心起来，难道我就只能一直养竹芋吗？过几天我得再去薅几茎万年青回来，而且，还得薅点儿别的什么。

感谢师恩[①]

王哲[*]

时值金秋,硕果累累,拜此收获季节,我的论文也终于得以完稿。回首求学的艰辛路程,老师、同学携手共进的宝贵时光,点点滴滴,令我心潮澎湃、感触万千。

首先,应感谢我敬爱的导师施其生教授。本文从选题到定稿,无不凝聚着先生的心血。先生不仅审问慎思、博学多才,而且古道热肠、为人正直。他严谨的治学态度为我们树立了榜样,他平易近人的风范为我们营造了一个轻松愉快的学习氛围。在论文写作过程中,我常碰到无法突破的屏障,遇到百思不得其解的难题,先生常常一语道破,并为我指点迷津。俗话说,"师徒如父子",这话不假。先生诲人不倦的精神及对我的谆谆教导,我将毕生难忘!今后唯有秉承先生一丝不苟的治学精神,在学业、工作上不断进取,方能报答他的恩情。同时,我还要感谢师母赵劲青女士。她不但关心我的学业和生活,还大力支持先生的工作。正由于她对先生无微不至的关怀,先生才得以抽出更多的时间和精力来尽心培养我们。

求学期间,我还有幸得到中文系各位老师的指点和帮助。在与唐钰明教授、麦耘教授、周小兵教授、李炜教授、刘街生博士、郑刚博士等诸位老师的接触过程中,我不但能感受到他们求真务实的治学态度,更得益于他们创新的教学思路和独特的研究方法。他们对我学业的关心及无私帮助,我都将铭记在心。

让我获益匪浅的,还如许光烈、王衍军、刘翠香、林华勇、胡云晚、李小华、陈淑环、徐海英、赵敏、谷向伟、徐馥琼、王春玲、金健、陈慈等诸位同门。在我撰写论文的过程中,他们给予我不少帮助。在与诸位同门的切磋中,我获得启迪,不断进步,他们的建议令我获益良多。同门聚首的时光虽然短暂,但我们之间的友谊长存。

另外,我要感谢我的家人。感谢我的岳母冯秀英女士和岳父李继平先生。如果没有他们帮助料理家务、安排日常生活,此文恐怕难以顺利面世。还想特别感谢爱

---

① 本文为王哲博士学位论文《外语写作中的基础语言影响——基于语料库的中国学生英语作文错误分析》的"致谢"。

* 中山大学中文系2001级博士研究生。

妻李军军女士，她不但在精神上鼓励我，而且还在有孕在身之时帮助我润色论文。当然，也要感谢尚未出世的爱子（女，王子楠，2006年2月28日出生，感谢先生赐名）赋予我完成论文的巨大动力。往后，我更要好好报答他们，以弥补前一段忙于学业对他们的疏于照顾。

在求学期间，给予我关心、帮助的人不胜枚举，可惜不能在此一一列举。我不胜感激，借此机会，再次对所有帮助、爱护过我的人表示衷心的感谢！

本人愚钝，加上根基不实，时间仓促，论文定有错漏之处，敬请各位批评指正！

瞻之在前，难忘师恩

谷向伟[*]

> 谷雨时节的雨，
> 在天上如丝如缕，落地上如雾如尘，
> 今天在山水田野间的勤勉辛苦，
> 自会迎来漫山遍野的花草繁盛，
> 最终在秋日收获累累硕果！

20年前的4月，我第一次走进了古树参天、绿草如茵的中大，考博，拜师，并由此开始了与先生的师生情缘。

一年前的谷雨时节，80岁先生的大作《闽南方言语法比较研究》出版了！先生在送我的书的扉页上写道，"向伟教授惠阅"。

"惠阅"，令"不学无术"的我惭愧至极！"不学"方言语法，故十多年来无任何建树。语言学是中文里面的小众，方言是语言学里的小众，方言语法也是方言里的小众。当年我负笈南下的时候，还不知道方言语法大观园里的百花争艳，先生又将如何带领施门弟子披荆斩棘、乘风破浪，攀语法高峰，发学术新见。

"没想到自己家乡的方言竟会成为自己安身立命的研究对象！"一个师姐一次跟我说。后来，我身是安了，但遗憾的是方言语法研究却没有成为我的宿命。

"十几年前，施其生教授带着他所指导的几届博士生，在通行闽南方言的4个省区奔走多年，选取了11个重要方言点进行实地调查，用精心设计的700条语法例句，收集各地口语中的常见说法，每个句子除用汉字记录外，全部逐字记音；还对其中7个点做了若干专题的调查。"先生的挚友李如龙先生在先生新著的序里如是说。

"他的自行车不见了"这是新著第二章闽南方言里的虚词第三节闽南方言的助词中关于结构性助词"的"的一个调查例句。林州话怎么说？"他的自行车没影儿了"特殊之处不在"的"，而在"没"。雷州话说"伊个单车无见啦"，文昌话说"伊个骹车无见去啦"，三亚话说"伊个骹车无见了"。稍微想下，"不V""无V"

---

[*] 中山大学中文系2004级博士研究生。

都是否定副词修饰动词,"没 N"是否定动词支配名词。说法不同是不同方言常见现象,语法比较的关键是比较同样的语法现象,确切地说,是有特点或研究价值的语法现象。这样看"没影儿"也没什么特点,没什么研究价值。找不到研究问题,很可能是因为没有想到或找到合适的调查例句,没有做深入而广泛的本方言与邻近或相关方言的调查。"700 条语法例句"多点的"实地调查",是方言语法研究的笨办法和基本功。

"看似寻常最奇崛,成如容易却艰辛。"

"没有调查就没有发言权。"没有大量而持久的方言调查,哪能厚积薄发写出那么多的高质量、高水平、高被引的研究论文?先生过往已经发表的论文和著作,在新著中都有引用,感兴趣的同行可以找来学习。我的痛苦是,自己何以在方言语法研究中总是无米下锅,寸步难行?当看到先生新著时,恍然大悟,缺调查!方言的田野调查正是进行研究的源头活水。虽然跟随先生学习方言语法近 20 年,但多数都是纸上谈兵,真正的田野调查却是凤毛麟角,屈指可数。

2004 年暑假,硕士毕业的我接到了中大中文系发的博士研究生录取通知书后,高高兴兴地回河南安阳潇潇洒洒地过了个暑假。开学后一次偶然的聊天,同学们说:"我们跟先生下去做方言调查了,你怎么没参加?"我茫然不知所措,"我不知道啊。"有同学说:"老师说谷向伟结婚,就不打扰他新婚燕尔了!"后来知道原来是许姓女同学结婚,还被老师喊过来做方言调查,我一条光棍汉倒是快活自在,无暇调研。

有时候错过是个美丽的误会,但错过也可能导致严重的后果。在修改论文《河南林州方言的"动"和"动了"》的过程中,先生总说我"动"和"动了"的语法意义概括得不够准,但无论怎么想来思去,都是不得其解。"研究方言语法,想要看得准看得深,常常需要'跳开来看'。一方面,不能只盯着一个成分/现象/特点冥思苦想,要跳开看它在本语法系统中的意义和作用,要找同类的成分/现象/特点来比较。另一方面,就是不能只埋头于现时的本方言,还要跳开来看看普通话、姐妹方言,甚至其他语言是什么情况;最好还能跳开来看别处是否有与它的来龙去脉相平行的例子可做佐证。"看到先生在新著的后记里的这段话,我明白当时为什么概括得不准了。主要是掌握的语料事实不够丰富,思考站位不够高。受先生把闽南方言的"了$_3$"定性为"事态实现体貌"的启发,现在想,说"动"表示"伴随事态发生时",好过原先讲的"表示情况实现",如"上回走动俺爹去送我来""哪回走动他爹不去送他";说"动了"表示"假设性伴随事态发生时",好过原先讲的"表示假设情况的实现",如"你走动了我去送你"。那"动了"中的"了"就应该是"假设事态实现体貌"了。显然,欲明"动"的语法意义,起码先要跟实现体助词"了",尤其是"事态实现体貌了$_3$"区分开。

若想论作惊同仁,先下功夫七百句。只有从描写林州方言语法系统入手,深入地研究先生论作中的语法例句,加上自己的思考并凝练句例,用晋语和周边官话方言"出条",经过单点深入挖掘,周边多点及同类现象的方言点的线性调查,才有可能在窥语法全貌的过程中发现晋语语法研究中的沙金,然后再雕琢成一篇篇论文。学术攀登的路上没有捷径,按照先生的学术历程,只有耗时费力地调查、研究、撰写,推倒重来,四十年磨一剑,才能熠熠生辉,方能有所成就。

江郎才尽,懊悔不已之时,我突然想到了《西游记》的最后,孙悟空成了"斗战胜佛",猪八戒被封为"净坛使者"。挺好!释然。一个师生团队,既有取得真经、修成学术正果的,也有摇旗呐喊、吃吃喝喝的。颜回论道,子贡赎人,赤乘肥马,子路结缨。本领和人生各异,若论情感,师生之间真诚无二。

江郎何时有过才?自己得好好想想。

"六三,观我生,进退。"弟子我观仰先生的美德及成就并对照省察自己的行为,便能抉择自己的进退。"六五,观我生,君子无咎。"先生受人观仰并自我省察自身行为,君子必无咎害。"上九,观其生,君子无咎。"同道中人都观仰先生的行为,君子必无咎害!

先生大名,自然不敢直呼,然而自己词穷,无法找到修饰先生一生知行方言研究的辞藻,故引《周易》观卦爻辞以表敬意和感叹。

"仰之弥高,钻之弥坚,瞻之在前,忽焉在后,夫子循循然善诱人!"除了古琴二胡、摄影医道,先生带给我的更是用之不尽的学问智慧、道德文章。

与施老师结缘,幸运至哉!

博约相济结硕果，治学严谨惠学界

——恭祝先生八秩华诞

刘新中[*]

我是先生唯一的博士后，这是我的幸运。

2005年9月开始，我跟随先生做博士后研究工作。最初我打算只做海南和粤西的闽语比较研究，这是在读博期间研究海南闽语的基础上略有扩展，会相对容易一些，但是先生一再鼓励我，让我加上粤东的闽语，因为如果不加粤东闽语的话，有很多语言现象是看不清楚的。一开始有些惴惴不安，因为我对粤东闽语知道得很少，但是经过一番努力，从对粤东几个点的记音开始，慢慢对粤东的闽语有了一些感性的认识，而先生又将他多年的研究成果都无私地给了我，这使我有信心进行较为名副其实的广东、海南闽语比较研究。从这个意义上说，我真是受益匪浅。这为我今后进一步的研究打下了一个较为坚实的基础。

研究闽语这样内容丰富、差异巨大的方言是不容易的，也正是因为它的丰富和复杂的特点，才深深地吸引我们投入其中。我自己的语言背景是兰银官话，研究闽语对我来说困难很大，但是经过不断探索学习，有了一定的进步。我在海南生活和工作了13年，其间从学习开始，一边做海南话和普通话对比，一边对海南的各种汉语方言做了面上的调查。也就是在这个过程中学习了先生的著作，所以认识施老师首先是通过一系列具有较大影响的研究作品。

先生的文章既是我们深入了解潮汕闽方言的一把钥匙，也是我们进一步探寻南方其他方言的重要参照。我到广州以后，开始学习研究粤语。粤语尤其是广州话，也是老师成果较为集中的一个方面。

先生对广州话的研究是全方位的，既有语音词汇，也有语法语用。先生探讨的都是那些长时间困扰我们的问题，比如阴平调、介音等。我自己的《广州话单音节语图册》所依据的"广州话音节全表"就是根据先生合编的《广州方言研究》中的同音字汇编辑而成的，当时在比较了多种材料后，才发现《广州方言研究》中的语音描写是最好的一个，后来的实验也证明了当时的观察。

---

[*] 中山大学中文系2006级博士后。

先生的方言研究兼通南北，有大汉语的格局和视野。他在深入探寻闽粤方言语音语法研究的基础上，广泛涉及其他方言，将他对汉语方言语法、语音的深刻见解，投射到其他方言的研究中，也取得了一系列重要的成果。

先生的《闽南方言语法比较研究》，是闽语语法也是汉语方言语法研究难得的力作，是多年来汉语方言语法研究方面探索的集成之作，对先生自己深入思考的方言语法分析角度和理论方法都做了全方位的验证。对闽南方言各种重要特点在地域上的共性和差异及其形成的原因、类型学意义等都做了深入的探讨。语法方面我是外行，更为深入到位的评价，应该由华勇、衍军等行家来完成。

在跟随先生做博士后的这两年，还有幸听了导师组唐钰明老师给博士研究生开设的汉语史课程，使我更加明确了传世文献和出土文献对方言词汇以及方言的历史层次的重要意义，为我的研究打开了另一扇窗户，这一点使我受益终身。中大中文系欧阳光主任对我们这些做博士后研究的人员非常关心，同门的师妹徐馥琼、金健在我做博士后期间给了我很多帮助，让我的学习研究有了更好的基础。

先生有广博而深入的学养，兼任语言学与应用语言学、汉语言文字学两个专业的教学工作，虽然以现代汉语方言及语法为主要研究方向，但是研究课题涉及方言语音、语法、词汇、汉语史、社会语言学、语言类型学、应用语言学等，而每一个研究都是精品，这种博约相济的治学风格、严谨的治学态度，都让我们这些学生受益无穷。

我自己主要专注汉语方言语音研究，在这个不断学习成长的过程中深受先生的关心与指导，同时也得到同门师兄师弟师姐师妹的无私帮助。有这样一个温暖而学养丰厚的大家庭，我们各自在工作中不断努力，将师门的优良学风发扬光大，这也许是对老师最好的感恩。

后　　记

2024 年，正逢施其生先生八秩华诞，又恰遇中山大学建校百年，同时又是先生首届博士弟子毕业二十周年，可谓喜事多重。在师门庆祝先生八十寿诞宴会上，大家提议为先生出本纪念文集，以回忆师门过往，感念先生谆谆教诲之情。

各位同门纷纷响应，或写述评，阐释先生在方言语法探索中富有前瞻性、指导性的创新理论；或写随笔，回味在求学路上受先生教诲的点点滴滴；或撰新篇，展现先生谆谆教导下一众师门学子的雏凤新声；或翻旧照，回忆自己在康园与先生一起度过的那段再也回不去的青葱岁月……

文章虽短小，然情义厚重，字里行间充溢着蒙先生不弃收纳门下、谆谆教诲的感激与追忆，流露出对母校百年华诞厚重之文化底蕴的依恋与自豪，当然也有一丝对青春不再、岁月匆匆、昔日屠龙少年和懵懂少女已然两鬓斑白的遗憾与惆怅。

本文集包含前言、往昔照片、先生简介、春风化雨、语林竞秀、桃李芳菲、青葱岁月和后记多个部分。其中，前言由许光烈撰文，往昔照片由金健负责，语林竞秀由林华勇、刘新中负责，春风化雨和后记部分由王衍军负责，桃李芳菲由马蔚彤、姚琼姿负责，青葱岁月由曹凤霞、谷向伟负责。各位施门同仁勠力同心，通力合作，在极短时间内完成文集的策划、撰文、照片收集整理、内容修订以及出版洽谈等多个环节。总联络人是王哲、郝红艳。

现文集已然付梓，洋洋近三十万言，满满同门深情。不仅让先生的道德文章跃然纸上，而且深切彰显了大家的团结与情义，甚至有同门的家属和朋友也纷纷献计献策。本书的出版即得到同门金健博士爱人、中大学子脊志伟同学的大力协助。还有，暨南大学出版社杜小陆副社长、中山大学出版社徐诗荣副社长为文集出版提供了很多帮助。在此，我们向各位朋友和中山大学出版社各位同仁致以衷心的感谢。

另外，本文集得以顺利出版，也得到了施门一脉博士生涂国香同学的大力协助。国香同学利用空余时间悉心校对、认真排版，将各位施门同学零散的材料汇聚成书，使之顺利付梓。在此我们也向认真负责的国香同学表示感谢。

人生如白驹过隙，岁月如洪流奔赴，回首过去展望未来，我们思绪纷飞，感慨万千,在中大的沃土上和施先生的培养引导下,我们胸有成竹也信心百倍。先生实乃翩翩鸿儒,微言大义,蒙受先生的发蒙启敝,鱼渔双授。也感谢先生如师如父般言传身教,使师门同门得入学术之门径,悟人生之义理。在此我恭祝先生颐安百益,福寿永延,也希望同门们继续深耕各自的领域,引吭高歌,一路欢笑。凡心所向,素履所往,生如逆旅,一苇以航,初心如磐,奋楫笃行。

受业学人王衍军恭撰
甲辰年秋月
值西历二零二四年十一月吉日